無知の死

これを理解すれば「善き死」につながる

島田裕巳
Hiromi Shimada

小学館新書

はじめに

私たち人間も生き物の一種であり、死を運命づけられている。

ただ最近は、長寿が実現できるようになり、１００歳を超えた日本人もかなりの数にのぼるようになってきた。

昔は人生50年ともいわれていたが、死をめぐる状況は大きく変わった。70歳代で亡くなったとしても、「お若いのに」とさえいわれるようになってきた。

長寿が当たり前で、多くの人たちは、自分もまた長い人生を過ごすことができるに違いないと漠然と考えている。

もちろん、日本と同じような長寿社会が世界全体で実現されたわけではない。平均寿命が短い国は数多く存在している。アメリカ合衆国は世界をリードする覇権国家ではあるが、ここ数年平均寿命の伸びが止まり、かえって短くなっている。そんな事例もあり、寿命に関しては、世界的に格差が広がっていると見ることもできる。

死は人生において決定的な出来事である。

一度死を経験すれば、そこから蘇ることはできないからだ。

イエス・キリストは十字架にかけられて殺された後、三日目に復活したとされる。さらに最後の審判が訪れるときには地上に再臨するといわれ、キリスト教徒はそれを信じてきた。

イエスは復活したとき、弟子たちの前に現れたとされる。だが、その後、復活したイエスが地上にとどまり、何らかの活動をしたとはされていない。科学的に考えれば、一度死んだ人間が復活するなどということはあり得ない。イエスの復活はあくまで信仰の上でのことと理解されている。

長寿にしても、そこには限界がある。

人類のなかでもっとも長生きしたのは、ジャンヌ＝ルイーズ・カルマンというフランス人女性である。彼女は1875年2月21日に生まれ、1997年8月4日に亡くなった。

生きた期間は122年と164日間だった。彼女については出生証明書もあり、最高齢で亡くなったことが書類上でも証明されている。だが、それについては疑いの目も向けられており、途中で娘と入れ替わっていたのではないかともいわれた。しかし、一方では、記録は間違いないとする専門家もいて、議論になっている。

日本には、かつて男性としては最高齢である120歳まで生きた人物がいて、ギネスブックでも公認された。ところが、これについては数々の疑問が寄せられ、記録は取り消されている。120歳を超える最高齢であれば、その人物の生涯をすべて知っている者はどこにも存在しない。それに、昔は今ほど戸籍制度が整ってはおらず、信頼に値する記録を見つけることも難しい。

しかし、現在では実際に120歳に近づきつつある人物も現れている。2021年6月30日現在で、最高齢の日本人女性は118歳であり、男性は111歳である。カルマンの記録を超える日本人女性が現れる可能性もないとはいえないのである。

65歳で定年を迎えた人物が、仮に120歳まで生きたとしたら、老後の期間は55年にも及ぶ。60歳で仕事から退いたのであれば、老後はそれまでと同じ60年間もある。

２０２１年に生まれた赤ん坊が１２０歳まで生きたとしたら、そのときは２１４１年になっている。とても想像できないような遠い未来である。

カルマンの長寿が事実であるとすれば、人類には１２０歳を超えて生きる可能性があるということになる。今後、彼女の記録が破られる日も来るであろう。

最近では、人生１００年時代といわれることが多くなったが、さらに先があり、１２０年の人生を享受できることも決して不可能ではないのである。

私は長年、日本の新宗教について研究を進め、その成果をいくつかの書物にまとめてきた。何をもって新宗教ととらえるか、定義の問題もあるのだが、その先駆となったのが天理教である。

天理教の信仰活動の究極の目的は、「陽気暮らし」の実現におかれている。新宗教が多くの信者を獲得した理由としては、病気直しを実践したことがあげられるが、天理教では、たんに信仰によって病が治るとされただけではなく、長寿が実現されると説かれた。

教祖である中山みきは生前、１１５歳が神によって定められた人間の寿命であるとしていた。

ただ、警察による取り締まりが厳しく、真冬に投獄されたこともあり、みき自身は釈放されてから間もなく90歳で亡くなってしまう。

信者たちは、115歳の定命《じょうみょう》を信じていたので、教祖の予言が外れたことに強い衝撃を受けた。だが、みきの代わりに神の啓示を受けるようになった大工の飯降伊蔵《いぶりいぞう》は、定められた寿命を25年縮めて人々の救済にあたるのだという解釈を持ち出し、それで、教祖の早すぎた死によって危機に陥った教団をなんとか救うことに成功する（この出来事について詳しくは拙著『天理教―神憑りから新宗教へ』八幡書店を参照していただきたい）。

みき自身は実現できなかったものの、1887年のみきの死から135年が経とうとしている現代において、115歳を超えて生きる人間も現れている。その点では、みきの予言は今日になって適中したともいえる。

ここまで、長寿にまつわる事柄についていくつかふれてきたが、その一方で、それに関連して起こっている事態がある。

それは、死という出来事が、その重要性を失ってきたということである。

死が軽くなった。

そのように言うこともできる。

昔は、逆戻りができない死は、本人にとってだけではなく、周囲の人間にとっても極めて重い、重大な出来事としてとらえられていた。その分、身近な人間を失った周囲の悲嘆は深く、激しいものだった。

もちろん、現代でもそうした死はある。

幼い子ども、あるいは若者が事故や病気で亡くなれば、それは周囲に衝撃を与える。自殺などは、年齢を問わず、周囲にショックを与えるし、なぜ止められなかったのかと、後悔の念を生んだりもする。

「ひとりの命は地球よりも重い」、ということばもあり、早すぎた死は、長寿をまっとうする人間が増えた分、これまで以上に深い悲しみを生むものになっている。

以前、野田正彰『喪の途上にて—大事故遺族の悲哀の研究』(岩波書店、現在は岩波現代文庫)という本を読んだことがある。著者は精神科医で、1985年に起こった日航ジャンボ機墜落事故の遺族に取材したものだが、こうした事故で子どもや孫を失った遺族の悲哀が決して癒されるものではないことが、私には強く印象づけられた。

その点では、死が重いものであることに変わりはない。だが、そうした死が全体からすれば少数になってしまったのも事実である。

平均寿命を超え、90歳の長寿をまっとうできる人はかなりの数にのぼる。実際、私自身母を亡くしたばかりだが、亡くなったとき93歳だった。93歳では、さすがに「若かったのに」とは言われないものの、私たち兄妹は、母は100歳まで生きるのではないかと思っていたので、その点では早すぎた死でもあった。

それでも、93歳での母の死は大往生であったととらえることができる。それ以上生きられた可能性はあったかもしれないが、本人としても心残りはなかったのではないだろうか。

大往生を果たせば、本人だけではなく、周囲もその死に納得する。現在では、こうした大往生を遂げる人たちが死者の多くを占めるようになってきた。

大往生を遂げる人が増えていくことで、死をめぐる状況は変わってきた。

葬儀の簡略化は、ここ10年で著しく進行した。家族葬や直葬が一般化し、多くの参列者を集めるような葬儀はかえって珍しいものになってきた。

葬儀の規模が小さくなったことで、死の事実を知らせる範囲が大幅に縮小した。家族葬で葬られることが増えたわけだが、「○○が亡くなりました。ただ、葬儀は身内だけですませます」とわざわざ知らせてくれることは少ない。

したがって、その人物が亡くなったことを、友人、知人がかなり後まで知らないという事態が当たり前になった。喪中はがきではじめて知るケースは確実に増えている。

しかも、ごく近しい人間に対しても、親族や親友などだが、死の事実がしばらくの間隠されるということも珍しくなくなった。著名人の死が、かなり後になって公になり、そのときはじめてニュースになることも多くなってきた。

これは、死がほかの人たちに知らせる必要のない出来事になってきたということである。

私たちは、親しかった人間にしても、あるいは知っている著名人にしても、高齢であれば、果たしてその人物が生きているのかどうか、はっきりとした情報を持てなくなっている。

あの人はもう死んでいるのかもしれない。

ただ、その事実を知らされていないだけなのかもしれないのだ。

映画やテレビ・ドラマのなかでも、死の場面が描かれることが少なくなってきたのではないだろうか。登場人物が死んだとしても、それは、テレビならナレーションでだけ伝えられる。映画なら字幕で教えられる。死の場面をクライマックスにするような作品自体が作られなくなっているという印象がある。

死は、誰にでも必ず訪れる出来事だが、プライベートなことであり、他人とはかかわりがないものになった。それも、死が重いものではなくなった結果である。

肉体的な死は一瞬の出来事だが、それまでに長い準備期間がある。とくに大往生といえるような高齢での死は、そうした性格を持っている。

人は段々と死に近づいていくのであり、命が最終的に途絶えるということは、さほど重要なことではない。その前には、現役からの引退があり、社会生活の縮小があり、病があり、介護の日々がある。

人は、この世からフェイドアウトしていくのだ。

今やそうした時代が訪れている。

そのなかで、私たちは死をどのように考えていったらいいのだろうか。その際に、現代における死がいったいどういう形を取っているのかを理解する必要がある。

私たちは、人がどのように死んでいくか、意外にそれを知らない。

実際に、誰かの死を看取《み》る経験をしている人も少ない。

私たちは、死について意外に無知である。

人がどのようにして死んでいくか。それを知ることで、私たちの死に対するとらえ方も変わってくるのである。

無知の死～これを理解すれば「善き死」につながる

目次

第1章

人はどうやって死んでいくのか

多くの人はどう死んでいくかを知らないまま

死はありふれた出来事である。

日本では、2020年に138万4544人が亡くなった。一日あたり約3793人である。一時間あたりにすれば158人ということになる。

人が生き物である以上、死は免れない。

いくら、今日のような長寿社会が実現されても、永遠に死なないわけにはいかない。それが、生き物としての人間の宿命である。

日々、多くの人たちが亡くなっているにもかかわらず、人がどのようにして亡くなるか、実際にその体験を通した人は、果たしてどれだけいるものなのだろうか。

「人が死ぬ場面に立ち会ったことがあるか」

周囲の人たちにそのように問いかけてみると、意外に、その体験がないという人が多い。

もちろん、医師や看護師といった医療従事者になれば、それを体験している。

それでも、病院に勤務しているという場合と、町の開業医では事情は違う。町の診療所で人が死ぬということは、ほとんどあり得ない。

昔は、かかりつけの医師による往診ということが広く行われていた。近くの医師が、往診用のかばんを携えて、患者のいる家庭を訪れるのだ。

そうなると、そうした医師は臨終の場面にも立ち会うことになる。

私の祖父は、私が小学校2年生のときに亡くなっているが、亡くなった場所は自宅だった。おそらく、臨終の場には医師がかけつけ、祖父の死を確認したことだろう。

今でも往診は行われるが、開業医が臨終の場面に立ち会うことは相当に少なくなってきた。そもそも多くの人は病院で亡くなる。最近では、高齢者の介護施設で亡くなる人の割合も増えている。

したがって、多くの人たちは、人がどうやって死ぬのかを知らないままになっている。そのことが注目されることも少ない。

死を看取った体験を多く重ねてきた医師や看護師は、それが自分たちには当たり前のことでも、一般の人たちにはかなり珍しい体験であることをはっきりとは認識していない。

人がどうやって死ぬのかを知らないで、死について考えるのは、無理なことなのではないだろうか。私たちが死について知るべき最初の事柄は、人はどうやって死ぬのかということである。

人がどうやって死ぬかは、一般に「死因」と呼ばれる。2020年の厚生労働省の人口動態調査を見てみると、死因の上位を、悪性新生物（腫瘍）、心疾患、老衰、脳血管疾患、肺炎が占めている。以下、誤嚥《ごえん》性肺炎、不慮の事故、腎不全、血管性及びその他の認知症、アルツハイマー病と続く。

これは、男女でも違うし、年齢によっても異なる。そして、時代によっても変化している。死因としてあげられる項目自体が変わってくることもある。

死因は、人がどうやって死ぬか、その原因を説明したものとして理解することができる。だが、ここで言う「どうやって死ぬか」は、死因のことを意味しない。実際に、どういう過程を経て人が死んでいくのかということである。

母の最期

私はこれまで二度、そうした体験をしてきた。父と母の死を看取った体験をしているのだ。しかも、母が亡くなったのは２０２１年4月27日と最近のことなので、そのときのことはありありと記憶に残っている。

母は、１９２８年2月20日の生まれで、２０２１年2月20日で93歳になっていた。誕生日はミスター・ジャイアンツ、長嶋茂雄氏と同じである。ただ、長嶋氏の方が８歳若い。

誕生日の翌月の3月中旬、母は具合が悪くなり入院した。その際に、膵臓に癌があることが判明し、医師からは余命は一ヶ月程度という診断が下された。

私には二人の妹がいるが、下の妹はずっと練馬区（東京都）で母と同居していた。トルコ人の男性と結婚していて、父が亡くなったあとは、三人で生活していた。したがって、主に母の看護や介護をしたのは妹である。もうひとりの妹は一家で大阪に住んでいる。

一ヶ月くらいしか持たないと言われても、その時点で母は自分で食事もできたし、トイレに歩いていくこともできた。したがって、医師の診断通りに亡くなるとはあまり思えなかった。私たちも、回復してくれることを期待していた。それまでは、母は１００歳まで生きられるのではないかと兄妹で話していたくらいである。

しかし、医師の診断は正しいものだった。そのことはしだいに明らかになる。母の体調は除々に悪くなり、ついには寝た切りの状態になってしまった。

私は、その間、定期的に自宅で療養していた母を見舞った。訪れるたびに衰弱してきたことは明らかだった。けれども、少なくとも5月に入るまで最期の時は訪れないだろうと考えていた。

それでも亡くなる当日、妹からはLINEで連絡があり、訪問看護の看護師から「いよいよ覚悟のときかもしれません」と言われたという連絡があった。

私は、その頃、顔面神経麻痺にかかってしまい、鍼灸院で治療をしてもらっていた。その日、診療が夕方だったので、練馬の家に着いたのは午後7時を少しまわったくらいだった。

家には、母と妹だけがいた。大阪に住む上の妹も、しばらく東京に見舞いに来ていたが、長引いたので大阪に帰っていた。

母は、介護用のベッドで寝ていた。ベッドはリビングに置かれていた。介護用ベッドはよくできていて、上げ下げができるだけではなく、絶えずかすかに震動するようになっている。それは、「褥瘡《じょくそう》」、床ずれを防止するためのものだった。

実は、私は50歳になろうというときに大病をしている。甲状腺機能亢進症と十二指腸潰瘍を併発し、治療のため10日間にわたって鎮静の状態におかれた。甲状腺が働きすぎ、心拍数が異常に高くなっていたのを抑えるためだった。

その間、私は意識がなかったので、まったく記憶がないのだが、臀部の上の部分に褥瘡ができていた。これはかなり痛いもので、腐った部分を取り除くと大きな穴になっていた。そこまで大きいのは珍しいと、看護師が見に来て、写真を撮っていったこともあった。

それから20年近くが経つ間に、医療関係の技術はいろいろと進歩し、褥瘡ができないようなベッドが開発されていたのだ。

私は家に着いた時点で、その日に最期が訪れるとはまったく考えていなかった。

ところが、着いて10分くらいすると、母の呼吸が荒くなった。顎で呼吸しているような状態で、明らかに通常の状態とは違った。

妹は、訪問看護をしてくれるクリニックと契約していて、その時期、医師や看護師の訪問を受けていた。家には、そのクリニックが発行しているパンフレットがあった。それは、「お別れのときが近づいたら」と題されたものだった。

そこには、死が近づくと、食事の量が減り、次に尿の回数や量も減り、手足が冷たくなり、色も変わったりすると書かれていた。そして、「呼吸が変化します」という項目もあり、そこには次のように書かれていた。

「のどの奥がゴロゴロと鳴ることがあります。呼吸が不規則になります。顎だけでしゃっくりをあげるような呼吸を『下顎呼吸《かがくこきゅう》』と言います。亡くなる直前のサインです」

私はそれまで、下顎呼吸ということばを知らなかったが、たしかに母はそのような状態になっていた。パンフレットには、これに続けて、「このとき、本人は苦痛を感じていないので、見守ってあげましょう」とも記されていた。

苦痛を感じていないということがどうして分かるのだろうかと、そこに疑問を感じたりもしたが、母が最期の時を迎えようとしていることは間違いがないようだった。看護師が言っていたという「いよいよ覚悟かもしれません」ということばが頭をよぎった。

そのとき、私にひらめいたことがあった。

大阪に帰っていた上の妹のことである。翌日には、ふたたび東京へ出てくる予定にはなっていた。しかし、下顎呼吸が亡くなる直前の状態を意味しているのなら、とても死に目には間に合わない。

私は、スマートフォンのＬＩＮＥで、ビデオ通話をすることにした。幸い、すぐにつながり、母の状態をつぶさに教えることができるようになった。

ただ、母の実際の姿についてはうまく撮影できていないようで、調整が必要だった。

そんなこんなでスマートフォンをいじっている間に、母の呼吸は浅くなり、また間遠になっていった。それは、呼吸が止まる前兆に違いなかった。

私はスマートフォンの操作を止め、母の様子に注目した。呼吸は弱くなり、今にも止まりそうだった。

母は息を吐いた。しばらくそのままだった。そこで、それで最期なのかと思ったのだが、もう一度息を吸い吐いた。

それが本当の最期だった。母は亡くなったのだ。

下顎呼吸がはじまってから、およそ30分後のことで、亡くなった時刻は7時45分を過ぎたあたりだった。

ただし、それが死亡時刻というわけではない。死亡の確認は医師にしかできないからである。

先ほどふれたパンフレットを見ると、「ゆっくりお別れをされたら、ご連絡ください。亡くなられてすぐ連絡する必要はありません」と記されていた。さらには、慌てて救急車や警察を呼ばず、訪問看護師や医師に連絡するようにとも書かれていた。警察に連絡すれば、不審死として扱われ、司法解剖に付されるかもしれない。

私たちは、パンフレットに書かれているとおりにした。結局、医師が来たのは、亡くなって2時間以上が経ったときで、死亡時刻は午後10時20分ということになった。

こうした母の臨終に接するなかで、私は父の最期のことを思い起こしていた。

現実の死はドラマとは大違い

母は自宅で亡くなったわけだが、父は病院で亡くなっている。亡くなったのは、2006年8月16日のことだった。終戦記念日の翌日である。父は戦争中、ラバウルに従軍していた。

父の場合も、亡くなるまでの過程は母と同じだった。母のことほど詳しくは覚えていないが、私は、父の枕元でじっとその様子を見つめていた。

父も呼吸が荒くなり、やがてそれが弱くなり、呼吸の間隔があいていった。最期、ゆっくりと息を吸い、それを吐いた。そこで動きが止まり、亡くなったことが分かった。

母との大きな違いは、病院で亡くなったために、臨終の場面に医師が立ち会ったことである。したがって、呼吸が止まってから、心臓が止まり、瞳孔反応が停止したことが確認され、すぐに死が宣告された。

母と父は同じように亡くなっていった。父のときの経験があるだけに、最期はどのように亡くなるかはわかっていた。

同じように死んだということは、死後、同じところへ赴いたのではないか。私は漠然と、そのように考えたりもした。

パンフレットに書かれていたことと、同じ経緯をたどったということは、母や父だけではなく、多くの人が同じ道をたどって亡くなっていくということだろう。

パンフレットには、お別れのときまでの目安として、食べられなくなってからは一週間、尿が出なくなったら2～3日と書かれていた。ただ、人によって、個人差があるとも記されていた。

私は定期的にあるクリニックに診察を受けに通っているが、後日、そこに勤務する看護師に聞いてみた。大規模な病院に10年以上勤めた経験を持つベテランの看護師である。

そのとき、母の最期について説明し、他の人たちの場合も同じなのかと尋ねてみた。答えはイエスだった。

もちろん、心臓が急に停止するとか、脳梗塞や脳出血が起こったというときには、母や父のような経緯を経ず、そのまま亡くなってしまうということだ。ただし、それは突然起こることだけに、その看護師もそうした死を目撃したことはないという。

多くの人たちは、私の母や父がたどった道を経て亡くなっていく。つまり、クリニックのパンフレットに書かれていることは、多くの人が亡くなる場合にあてはまるわけである。老いて死ぬという場合には、ほとんどの人がその道をたどるのだ。

どうやらそれは人間だけではないようだ。

人間がペットとして飼うイヌやネコの場合にも、最期は同じ道をたどる。食欲がなくなり、ずっと寝ている状態になり、下痢や嘔吐をするようになる。体温が下がり、目に力が入らなくなって、痙攣をし、呼吸が乱れるようになる。

私は自分ではペットを飼ったことがないし、イヌやネコが亡くなる場面に接したことはない。だが、実際に経験した人たちの述べていることからすると、彼らは飼い主である人間と同じように死んでいくらしい。

その範囲がどこまで及ぶのかは分からない。哺乳類全般が同じである可能性が高いが、鳥類や爬虫類、両生類や魚類はどうなのだろうか。呼吸している動物なら、最期、うまく呼吸ができなくなることで、人間のように下顎呼吸をする可能性は考えられる。死に方は動物全体に共通している。そうなのかもしれない。

そうであるとすれば、一つ疑問がわいてくる。

映画やテレビ・ドラマにおいて、さまざまな形で主人公や登場人物の死が描かれてきた。しかし、果たして、私の両親のような形で死が描かれたことはあったのだろうか。記憶をたどってみても、そうした場面にお目にかかったことがないように思える。

よく描かれるのは、眠るように死んでいく場面である。

これから亡くなろうとする人物と、その周囲に集った家族との間で何気ない会話がかわされる。亡くなっていく人物はベッドや蒲団《ふとん》に寝ている。その人物が「話すことに疲れた」と言うと、家族は蒲団を掛け直し、「ゆっくり休んでね」と、寝室から去っていく。

すると、寝ている人物は目を閉じ、そのまま眠りに落ちるように亡くなっていく。家族がそのことに気づくのは、しばらく経ってからのことだ。

あるいは、もっと極端な場合もある。

亡くなろうとしている人物の周囲には、家族や知り合いが集まっている。寝ている人物は時折苦しそうな表情をするが、そこでしっかりと周囲に対して遺言を残す。

周りの人間たちは、そのことばを一言も聞き漏らすまいとしている。そして、重要なことと思われる事柄については、遺言している人物に確認のため問い質す。

ところが、それを何度かくり返すと、本人からは返事がなかった。周囲の人間たちがどうしたのかと本人の様子をうかがうと、本人は首をうなだれ、そのまま亡くなっていた。

家族は必死に本人に呼びかけるが、答えはない。医師がそばに付き添っていれば、脈をとり、「ご臨終です」と告げる。

家族は、亡くなった人間にすがりつき、泣き声をあげる。

そんな場面にいくどか接してきたような気がするが、現実にはそんなことは絶対にあり得ないのである。

実際に、人が死ぬ場面に遭遇したことがない人なら、ドラマで描かれるように人は死んでいくと考えるかもしれない。

黒澤明監督の名作映画『赤ひげ』では、許婚《いいなずけ》に裏切られ、傷心の酒浸りの日々を送る加山雄三演じる保本登という青年が、三船敏郎演じる小石川養生所の所長、赤ひげから、「人間の一生で臨終ほど荘厳なものはない。よく見ておけ」と言われ、六助という蒔絵師だった老人の死に接する場面が出てくる。黒澤は、常にリアルなものを描き出そうとしただけに、下顎呼吸している姿を撮し出していくが、苦しそうに見え、保本はそこに荘厳さを感じられない。

これは、現実に近い描き方ともいえるが、保本がそれにおじけづくよう、いささか誇張して描かれているようにも思われる。あるいは、そうした状態で亡くなる人もいるのかもしれない。

私たちは、ドラマを通して人の死に逝く姿に接しているが、それは現実のものではない。

現実からは相当に離れたフィクションなのである。そして、フィクションであるということを理解していない。

たとえ、実際に臨終の場面に接したことがある人でも、そのケースが誰にでもあてはまるとは考えていない。だから、ドラマで現実にあり得ない臨終の場面を見ても、そういう死に方もあるのだろうと思い、フィクションだとは考えないのではないだろうか。

亡くなる前に一時的だが、回復したと思わせるようなことが起こったりもするらしい。それは、「中治り現象」と呼ばれるもので、意識がもうろうとし、食べ物もいっさい口にしなくなった患者が、突然、目を開き、「水を飲みたい」とか、「アイスが食べたい」とか言い出すことがあるという。

これで、家族は回復が望めるのではないかと考えてしまうのだが、それはそのときだけのことである。

あるいは、そうしたときに、「娘が見舞いに来た」とか、「孫が手を握ってくれた」とか言い出す患者もいるという。それも、臨終が迫っている合図になるらしい。これは、「お迎え現象」と呼ばれる。

中治り現象やお迎え現象は、脳内麻薬のなせるわざらしいが、欧米では「ｌａｓｔ ｒａｌｌｙ（ラスト ラリー）」、最後の回復と呼ばれているようだ（志賀貢『イラストでわかるご臨終の不思議な世界』ＫＡＤＯＫＡＷＡ、２０１９年）。

しかし、それはあくまで最期の段階で訪れる一時的な現象であり、そこから患者が回復していくわけではないのである。

立花隆氏の死が示唆するもの

２０２１年6月23日、ジャーナリストの立花隆氏が亡くなったことが伝えられた。死因は急性冠症候群という心臓の病で、80歳だった。

ただ、亡くなっていたのは、それから２ヶ月ほど前の４月30日のことだった。私の母が亡くなった３日後のことになる。

亡くなったということがしばらくの間、伏せられるというのは、「はじめに」でも述べたように、最近の著名人によく見られることである。当然、葬儀は身内だけで行われたことになる。

6月23日の時点では、すでに埋葬されており、樹木葬だったと伝えられた。本人は、土に還る「コンポスト葬」を希望していたとされる。コンポスト葬とは、遺体を微生物に分解させるもので、最後は堆肥になるものである。アメリカでは実用化されているようだが、日本では今の時点では行われていない。

私は、立花氏の死が伝えられた直後、ある編集者から、樹木葬が行われた場所についてぱ、生前、立花氏と何度も一緒に仕事をしたことのある人物にも知らされていないという話を聞いた。

立花氏の死は、全体がプライベートな出来事として処理された。それは、「はじめに」で述べたことにも関連するが、現代における死のあり方を象徴するものとなった。

その点でも注目されるが、もう一つ、私には氏の死に関して思い起こすことがあった。

立花氏は、『田中角栄研究』や『日本共産党の研究』など、政治を扱うジャーナリストとして最初、脚光を浴びた。私は、そうした分野の作品については興味を抱かなかったのだが、1983年に刊行された『宇宙からの帰還』には大いに興味をそそられた。

というのも、そこでは宇宙飛行士が宇宙で経験した特異な出来事についてつづられており、それは、神秘体験の一種としてとらえられるからである。

さらに立花氏は、脳死の問題から、臨死体験に関心を寄せるようになっていった。『臨死体験』という本も出版しているし、ＮＨＫでは、それをテーマとしたシリーズの番組にも出演していた。

立花氏は、宇宙での神秘体験や臨死体験が現実にあるものととらえ、その意味を追究しようとしていたように思えた。それは、私の専門とする宗教学の分野とも重なってくる。臨死体験の向こう側には、あの世が存在する。そのあの世について、死が迫った段階で立花氏はどのように考えていたのだろうか。それは、興味をそそられることである。

その立花氏も、実際に人が死ぬ場面に遭遇したのは、かなり後のことだった。２００５年に、立花氏の父、橘経雄氏が95歳で亡くなっている（ちなみに立花氏の本名は橘隆志である）。経雄氏は、長く出版業界にいた人だが、亡くなる数年前に脳梗塞で倒れた。その後は、ほとんどことばを発しなくなったという。その経雄氏の死について、立花氏は、インタビューで次のように語っている。

《いよいよ危ないという時に、病床の傍に僕はいました。そして、彼の喉仏が上がったり下がったりするスピードがだんだん遅くなって、ついに止まるところを目撃したんです。散々人の死を見たり書いたりしてきましたが、人間が息を引き取る瞬間をじっくりと見つめたのはこのときがはじめてで、死とはこういうものか、と思いました。子供の頃、隣家のお婆さんの臨終場面に立ち会ったときは細部を見ていなかったなと思いました。そして臨終を細部までウォッチしたとき、そこに何か恐ろしいことが訪れる瞬間がある訳ではないと思いました。》（週刊文春、2014年11月13日号）

最後に記されていることばからすれば、立花氏には死に対する恐れがあったように見受けられる。

それも実際に死の場面に接していなかったからで、人が死んでいく過程をつぶさに観察していくと、それは、ごく自然なことに思えてくる。

死は突然に襲ってきて、その人間の命を理不尽に奪っていくというものではない。死神に襲われるわけではないのだ。自然死であるならば、それは徐々に訪れ、死に逝く者を最期へと穏やかに導いていく。

いったんそのプロセスに入ってしまえば、逆戻りはあり得ない。ほんの一瞬、中治り現象やお迎え現象が起こったとしても、それは、消えていく蠟燭の光の最後の輝きにすぎない。

私は、母の死を看取りながら、父の死を思い起こし、二人が同じように亡くなっていったことから、二人が同じ世界に旅立ったように感じた。

その世界がどういうものかは確かめようもないことだが、立花氏が言うように、そこに恐ろしいものが少しも感じられないのは事実である。

死の瞬間はさほど恐ろしいものではない

人は条件さえ揃えば、実に穏やかに死を迎える。それは、ドラマで描かれるようなものとはまったく違うが、亡くなりつつある人間が、急に、「死にたくない」などと叫び出し、暴れ出したりするようなものではない。

クリニックのパンフレットにあったように、やはり本人は苦痛など感じていないのだろう。すでにその段階では、死にたくないとか、もっと生きたいという思いを抱くこともない。受け入れるしかない死を、そのまま引き受けていくのである。

自分もまた、最期はそうした死を迎えることになるのではないか。両親の死を看取ったことで、私はそのように考えるようになった。

死は、人間なら誰にでも訪れる普遍的な出来事であるわけだが、死に至る最期のプロセスにも普遍性がある。その点では、死は平等なものなのである。

問題は、そのことを多くの人たちが知らないということである。立花氏にしても、2005年までそれを知らなかったわけで、その年、氏は65歳になっていた。立花氏だけが特殊なのではない。今は、死ぬまで他者の死を直接看取った経験がなかったという人だっているだろう。

昔は、人は自分の家で死ぬものだった。それが、すでに述べたように、病院に替わり、介護施設に替わってきた。

私の父方の祖父が亡くなった1960年頃には、自宅で7割が亡くなり、病院や診療所で亡くなる割合は2割を少し超えるくらいだった。

それが、病院や診療所で亡くなることが増え、全体の8割を超えた年もあった。ただし、その後は、施設で亡くなる人が増え、さらには自宅で亡くなる人も増えるようになり状況は変わってきた。２００９年には自宅で亡くなる人は12・4パーセントだったが、２０１９年には13・６パーセントとわずかだが増加している。

そこには、どこで死を迎えるかについて、社会全体の考え方の変化がかかわっており、病院で亡くなるよりも、在宅で亡くなることを推進しようという動きが広まってきた。

それはまさに、私の両親に起こったことで、２００６年の父は病院で亡くなり、２０２１年の母は自宅で亡くなった。これからも、自宅で亡くなる人の割合は増えていくだろう。

自宅で亡くなれば、家族はその死を看取れる可能性が高まる。病院でも、私の父の場合のように、看取ることができたりもするが、夜中に亡くなってしまうと、家族が看取れないこともあり得る。

自宅で亡くなり、家族が看取ることになれば、人がどうやって亡くなっていくかを知る人も増えていくはずである。

それを知ることには、重要な意味がある。

もちろん、その出来事に接して、それをどのように受け取るかは人それぞれである。

ただ、死というものが段階を追って訪れるものであり、死の瞬間はさほど恐ろしいものではないと理解する人が多くなるのではないだろうか。

自然死であれば、苦しがって死ぬわけではない。生物としての人には、穏やかに死ぬことができる仕組みが備わっている。脳内麻薬の役割なども、そこにある。

もちろん、人の死を看取るという体験をしたいと思っても、簡単にはその機会は訪れない。願ってもすぐにかなうものではない。

しかし、死というものを考える上では、どうやって人が実際に死ぬかについて正しく理解しておく必要がある。実際には体験できなくても、ここまで述べてきたことをもとに、死の姿を、死のイメージをはっきりとした形でつかんでおく必要がある。

現代における死をめぐる議論は、そこから出発することになるはずなのである。

第2章

死は別れのとき

「癌宣告」ということばが使われなくなった理由

人は死を運命づけられている。いくら長寿社会が実現しても、さらには100歳を超える人々が増える超長寿社会が実現したとしても、死なない人はいない。

ただ、第1章で見たように、実際に死に直面したとき、死に逝く人間が恐ろしさを感じることはほとんどない。

ドラマにはあるかもしれないが、「死にたくない」と叫びながら死んでいくことは、殺されるときでもないかぎり、実際にはあり得ない。

その点では、死を恐れる必要はないといえる。

だが、人は死を恐れる。

若い頃には、自分がいつかは死ぬのだと考え、それで絶望的な気分に陥ることもある。

死んだら自分はどうなってしまうのだろうか。

その先にまったくの無があるのだとしたら、それはひどく恐ろしいことではないのか。

自分が死んで無になってしまうなど信じられない。

そんなことを考えてしまい、眠れない夜を過ごした人もいるだろう。

ただ、そうしたことはあくまでも頭のなかで死を考えたときに起こることで、年齢を重ねるにつれて、人はあまりそういうことを思わなくなっていく。

現実がそれだけ忙しくなるからでもあるし、経験を重ねることで、一つのことを集中しては考えられなくなるからかもしれない。要は雑念が多くなるのだ。

もし死を恐れている若者が、実際の死の場面に遭遇したとしたら、どのように感じるのだろうか。

私が両親の死を看取る体験をしたのは、50歳を超えてからである。母の死を看取ったときには、すでに高齢者に仲間入りした67歳だった。

もしそれを、10代、あるいは20代に体験していたとしたら、どうなったのだろうか。死を余計に恐れるようになっていただろうか。それとも、死はそれほど恐いものではないと、それを受け入れられるようになっていただろうか。現実にそうした体験をしなかったので、その点は分からない。

若い頃に考える死は抽象的なもので、差し迫ったものではない。家族の死を看取ったとしても、すぐにそれが自分にも訪れるとは考えない。

死を切実なものとして感じるのは、やはり癌などにかかり余命宣告を受けたときだろう。日本人の死因としてもっとも多いのは、「悪性新生物」である。これは悪性腫瘍のことで、要は癌を意味する。

新生物という表現は、考えてみれば不思議なものである。悪性新生物の原語は、malignant neoplasmで、malignantの方は悪性を意味する。plasmは、もともと形質を意味するが、それを誰かが新生物と訳したらしい。

1950年代から新生物ということばは使われているが、私の手元にある1998年発行の『広辞苑（第五版）』には、悪性新生物の項目はない。これが広く使われるようになったのは、どうやら21世紀になってからのようだ。今でも、医療に携わっていない人間が、癌のことを悪性新生物ということはまずない。

もっとも多い死因を三つあげると、現在では、悪性新生物、心疾患、老衰である。老衰が第3位に入るようになったのは、比較的最近のことで、それまではずっと脳血管疾患が3位までに入っていた。脳血管疾患とは、脳梗塞、脳内出血、くも膜下出血などである。

これが減少してきたのは、減塩の効果が大きいとされる。

一方、癌で亡くなる人の割合は年を追うごとに増えてきており、現在では全体の30パーセント近くになっている。国立がん研究センターのデータによれば、2019年に癌で亡くなった日本人は全体で37万6425人であった。一方、その前年、2018年に癌と診断されたのは98万856例だった。

2018年のデータによれば、日本人が一生のうちに癌と診断される確率は男性で65・0パーセント、女性で50・2パーセントである。

そして、2019年のデータでは、癌で死亡する確率は男性で26・7パーセント、女性で17・8パーセントである。

癌はありふれた病になってきたといえる。それは、癌が流行するようになったということではない。長寿が実現されるようになり、最期癌にかかって死ぬことが増えたのである。

私の母も死因は膵臓癌だったが、癌にかかったから亡くなったというより、からだが衰えたので癌を患ったということだろう。

どんな癌が多いかでは、男女合わせた場合には、大腸、胃、肺、乳房、前立腺の順である。ただ、死亡数となると、肺、大腸、胃、膵臓、肝臓の順になる。

男女で違いがあり、男性がかかるトップは前立腺癌で、女性は乳癌である。ただ、死亡数では前者は5位までに入らないし、乳癌は第5位である。

癌の場合、5年、10年の生存率ということが取り上げられることが多い。これは、どこの部位かによって大きく変わってくるもので、男性の前立腺のように5年生存率が90パーセントを超えるものもあれば、膵臓癌のように男女とも8パーセント台というものもある。

私の周囲にも癌にかかったことがあるという人は少なくない。多くの人たちはその後、手術や放射線治療のお蔭なのだろう、元気に活躍している。

昔は、癌といえば、「不治の病」と見なされていた。それを反映し、血液の癌である白血病にかかった少女が亡くなっていくようなドラマが数多く作られた。しかし、現在では、白血病にかかっても、治療の結果、寛解や治癒に至るケースが増えている。

癌が不治の病と見なされていた時代には、癌の宣告は死の宣告と等しいものと考えられていた。したがって、家族にはそれが伝えられても、患者本人には伝えられないというケースが少なくなかった。その分家族は、事実を知りながら、それを告げられない辛さを引き受けなければならなかった。こうしたことも、ドラマでは頻繁に取り上げられていた。

しかし、現代では、癌宣告は当たり前のように行われている。本人に正しい情報を与えなければ、治療にも差し障りが出るからである。

そもそも癌宣告ということば自体が使われなくなってきている。それは癌の診断であって、宣告ではない。宣告にはどうしても死の宣告というニュアンスがつきまとう。

私は癌と診断された経験を持ってはいない。

ただ、20年近く前に甲状腺機能亢進症と十二指腸潰瘍を併発して入院したとき、当初の段階では、何の病気なのかが分からず、腹水がたまっていたため、肝臓癌ではないかと医師から言われたことはあった。

それでも、私自身にはその感覚がなかったため、恐ろしさを感じることはなかった。もっとも、からだの方が苦しくて、それどころではなかったともいえる。

本当にそれが肝臓癌であったとしたら、その後の闘病生活はまるで変わっていたことだろう。癌が必ずしも不治の病ではなくなったにしても、癌と診断されれば、誰もが自分はこれで死ぬのではないかと考える。

実際に死ぬときには恐怖を感じたりはしないにしても、癌に限らず、重大な病と診断されれば、人はどうしても自らの死を思う。そのときはじめて、自分もまた死ぬべき運命にあると実感するのである。

こうした死の恐れについて考えようとする際に、私の念頭に浮かんでくるのは、ある宗教学者による癌の闘病記である。

戦前から戦後にかけて活躍した岸本英夫という宗教学者

それが、岸本英夫『死を見つめる心―ガンとたたかった十年間』である。この本は、最初、講談社から1964年に刊行された。その後1973年に講談社文庫に入っている。刊行されてから、すでに57年が経過しているものの、文庫版は品切れにならず、今も書店で売られている。ロングセラーの典型である。

岸本は、戦前から戦後にかけて活躍した宗教学者で、東京帝国大学から東京大学の宗教学研究室で教鞭をとり、日本の宗教学界をリードした人物である。私にとっては、恩師のさらに恩師にあたる。岸本は『死を見つめる心』が刊行される年の1月25日に亡くなっており、私はその姿に接したことがない。享年60だった。

癌にかからなければ、岸本はもっと長生きしたであろう。癌は悪性黒色腫という皮膚の癌だったので、今なら治癒に成功していたかもしれない。

私は、宗教学研究室内のプロジェクトに参加して、岸本の生涯と思想について研究したことがある。まだ大学院の博士課程に在籍していたときのことで、それを、「岸本英夫における死の物語と心理学的宗教学の形成」という論文にまとめている（田丸徳善《たまるのりよし》『日本の宗教学説』東京大学宗教学研究室、1982年。その後、岸本についての論文は「自己の死を見つめる―岸本宗教学の誕生」として拙著『フィールドとしての宗教体験』法藏館、1989年に収録した。『父殺しの精神史』同、1993年でもふたたび論じた）。

この論文を書く際に、私は、岸本が書いた文章をすべて読んでいった。岸本には、代表作となった『宗教学』（大明堂、1961年）や『宗教神秘主義―ヨーガの思想と心理』（同、1958年）という著作があり、『岸本英夫集』（全六巻、脇本平也・柳川啓一編、渓声社、1975〜1976年）という著作集もあった。私は著作集にも載っていない文章まで探し出し、それを執筆年代順に読んでいくことで、岸本がたどった道筋を明らかにしようとした。

岸本英夫という名前をあげたとしても、今は多くの人が知らないはずだ。岸本は1903年の生まれで、父は、日本の宗教学の創始者のひとりとされる姉崎正治《まさはる》らとともに、比較宗教学会を設立した岸本能武太《のぶた》だった。岸本は、父の影響だろう、東京帝国大学文学部宗教学科に入学している。

卒業論文では、宗教神秘主義をテーマに選び、インドのヨーガの聖典である「ヨーガスートラ」を研究した。その成果が『宗教神秘主義』という著作に示されている。その前には、アメリカのハーバード大学にも留学している。

ただ、聖典を読み解いていく文献研究には満足できないものを感じたようで、『宗教神秘主義』の「序にかえて」という文章では、「閉鎖された観念的な世界の研究に、時間を費やしてはならないのではないか」と述べていた。そして、日本の山岳宗教、修験道の研究をめざし、出羽三山での修行に参加したりした。だが、この方面では、それほど大きな成果をあげることはできず、山岳宗教の研究は途中で頓挫してしまった。

むしろ、岸本の研究者としての人生において重要な出来事は、戦後になって訪れる。岸本は戦争が終わる直前に東京帝国大学において宗教学科の助教授に就任していたが、戦争が終わると、連合国最高司令官軍総司令部（ＧＨＱ）の民間情報教育局（ＣＩＥ）顧問になり、宗教行政にかかわった。日本が戦争に敗れ、占領という事態を迎えたことで、宗教のあり方は大きく変わった。変化せざるを得なかったといえる。そうしたなかで、ＧＨＱと仕事をすることは、相当に難しいことではなかったかと想像される。

そのなかで岸本は、靖国神社を戦後存続させることに貢献した。ＧＨＱは、日本が無謀な戦争に打って出たのは、国家と神道が結びついた国家神道の成立に原因があったととらえ、両者を分ける神道指令を発した。

靖国神社は、明治維新の際に、官軍の戦没者を祀る施設として建立されたものだが、日本が日清日露戦争という対外戦争を行うようになると、その際の戦没者が祀られるようになり、戦没者を慰霊するとともに、国威発揚の役割を担うことになった。そこで、ＧＨＱは靖国神社に注目し、その存廃が議論になった。

岸本は、靖国神社で戦後最初に行われた戦没者合祀の式典において、参列する軍人たちに軍服を脱ぎ、平服で臨むようにアドバイスした。これは効を奏し、進駐軍の靖国神社に対するイメージは大きく変わったといわれる（その点について岸本は、新日本宗教団体連合会調査室編『戦後宗教回想録』に収められた「嵐の中の神社神道」に書いている)。

その後、岸本は1953年にアメリカのスタンフォード大学に客員教授として赴任する。東京大学ではすでに教授に昇進していた。癌が発見されたのはアメリカにおいてで、現地で癌の摘出手術を受けている。

岸本は、アメリカから帰国した直後に『毎日新聞』(1955年5月27日)に寄稿した「伝統の盲点―西欧文化への寄与ということ」という文章のなかで、「私はアメリカのある大学で講義を担当しながら、静かに一年余りを過ごしてきた」と書いていた。癌にかかり、手術を受けたことなどなかったような書きぶりである。

しかし、現実はとても「静かに」とはいえないものだった。

「ヤセ我慢をして、平気をよそおっていた」

この文章からおよそ半年が経ったとき、岸本は『文藝春秋』1955年10月号に「アメリカで癌とたたかう記」という文章を執筆していた。そこでは、癌宣告を受けた日の夜に自らが襲われた恐怖について書かれていた。「私の内心は、絶え間ない血みどろの戦いの連続であった」というのである。

岸本はそこで坐禅を組み、こころを鎮めようとした。それは功を奏し、いくぶん誇らしげに、「しかし、一方では、私自身としてこの期に臨んでもゆるがない自分の知性の強靭さに対して、いささかの誇りを感じていたことも、いつわらない心情であった」と述べていた。

岸本は、スタンフォード大学でのフェアウェル・レクチャー（お別れの講義）において、「与えられた状況を勇敢に静かに受けとめるのは、ほとんどの日本人にとって伝統的な誇りの源泉である」と述べ、日本文化における死は人生の最後の重要な達成であり、「その意味では、死は生の領域内にある」と述べていた（島薗進訳「大乗仏教と日本思想」『岸本英夫集』第四巻）。

スタンフォード大学でのレクチャーを聞いたアメリカの人々のなかに、新渡戸稲造の『武士道』を読んだことのある人間がいたとしたら、岸本のことばに、さらには岸本本人に武士の伝統が生きていると感じたであろう。岸本は、癌宣告を受けて強い恐怖を受けたものの、それを坐禅という手段をつかってではあるが、すぐに克服したかのように見えるからだ。

しかし、事実はそうではなかった。

そのことは、アメリカから帰国して2年が経った1957年に書かれた「碁餓鬼《ごがき》」（初出は『大世界』第12巻第1号、のちに『岸本英夫集』第6巻に収録）という文章に示されていた。そこには、癌宣告を受けた岸本が実際にどういった心境にあったかが、はじめて正直につづられている。

『死を見つめる心』の本を繙《ひもと》いてみるならば、読者は、そのなかに「碁餓鬼」が収められていないことに気づくはずだ。『死を見つめる心』は、岸本の弟子たちが、岸本の死後にまとめたものである。

『死を見つめる心』を読む限りでは、たしかに岸本は癌宣告を受けても、毅然とした態度を保ち続けたように感じられる。

だが、「碁餓鬼」を読んでみるならば、その印象は大きく変わる。岸本の弟子たちが、「碁餓鬼」を『死を見つめる心』に収めなかったことが偶然なのか、それとも作為の結果なのかは分からない。私は、その弟子たちについて学んでいたのだから、その点を疑問としてぶつける機会はあったはずなのだが、それを逃してしまった。今や、岸本の弟子だった人々は皆、鬼籍に入ってしまっている。

「碁餓鬼」の岸本は、当時の自分の取った態度について正直に語っている。

「二、三年前、医者から癌だといわれた。大手術をして、奇蹟的にそれをくいとめるまで、三週間ほど、死を見つめて生きていたことがある。その間私は、ヤセ我慢をして、平然としていた。人々が感心するほど、平気をよそおっていた」

ここに書かれていることは、帰国後間もなくしたためられた「アメリカで癌とたたかう記」とはかなり違う。血みどろの戦いは、すぐにおさまったのではない。少なくともそれは三週間続き、その間岸本は平静を装っていただけだったのだ。そのことは、フェアウェル・レクチャーでも語られなかった。

では、癌宣告を受けた直後、岸本はどういう状態にあったのだろうか。その点について、彼は実に分かりやすく述べている。

「ところが、その時、碁を並べてみて驚いた。碁は正直なものである。いくら並べてみても、いつものように食い入るようなおもしろさが少しも湧き上がってこない」

そう述べた上で、「盤上に、生気を失った白い石と黒い石とが、ただ雑然と並んでいるだけの感じである」としていた。

リアルな文章である。癌宣告を受け、死の恐怖に襲われるなか、岸本は人生の意味を失っていた。絶望のなかにいたのだ。

だが、岸本はそんななか平静を装った。それは、たしかに彼の知性の強靭さを証明するものであったかもしれない。けれども、平静さの奥には、激しく揺れ動くこころがあったのだ。

岸本の父・能武太はユニテリアンの信仰を持っていた。ユニテリアンは、一般のキリスト教では教義の根幹に位置づけられている三位一体論を否定し、イエス・キリストを神ではないととらえる。そして、神の単一性を主張している。これは、古代のアリウス派に通じる主張で、アリウス派は公会議において異端とされた。

しかし、公会議を通して正統と異端を区別するのはカトリック教会でのことで、ユニテリアンはプロテスタントの一派であった。そのためにユニテリアンが異端とされることはない。むしろ、キリスト教という一つの宗教の枠を超えて、すべての宗教を一体のものととらえようとするところに、この宗派の特徴があった。

岸本自身も、当初、こうした信仰を受け継いだ。しかし、「奇跡を行うことのできるような伝統的な人格神信仰は、どうしても信じることができなくなった」ために、青年期に「神を捨てた」としていた。したがって、癌の宣告を受けた後も、信仰に救いを見出そうとはしなかった。

しかし、岸本の癌は1958年に再発する。それは、本人が恐れていた事態であった。ふたたび岸本は死の恐怖に直面することになった。

打ち込むことを見出せれば、人生の意味を見出せる

岸本は、戦時中の1944年8月に、「生死観三態」という文章を書いている。これは、『丁酉《ていゆう》倫理会倫理講演集』第502輯《しゅう》に掲載されたものだった（後に『岸本英夫集』第6巻に収録）。

それは、岸本が癌にかかる10年前のことになるが、アメリカなどと戦っている日本の戦況は次第に悪化し、本土決戦も起こりうる事態になっていた。岸本は、そうした状況が差

し迫っているなかで、宗教学者としてあるべき死生観を確立しようとしたのであろう。

岸本は、そのなかで死生観を三つの類型に分けていた。最初が、「肉体的生命の永存を希求するもの」で、そこからは不死への願望が生まれることになる。

第二の死生観は、「死後における生命の存続を信ずるもの」で、これが宗教一般に見られる来世信仰になる。死後に天国や浄土へ生まれ変わることを願うものである。

岸本としては、非科学的な最初の死生観を評価することはできず、神を捨てた以上、第二の死生観に立つわけにもいかなかった。

そこで、彼がもっとも評価する第三の死生観が登場することになる。それは、「現実の生命の中に生死を超絶せる境涯を見出すもの」だった。

それが具体的にどういうことなのか、岸本は次のように説明していた。

「しかし、もし、その当事者が、日常の生活の間に、どれほどか自分の生命を打ちこんできたものをもっているとすると、それだけは、冷酷な周囲の中で、異なった意味をもって、その死に臨んだ人の心に映る」

自分の人生を賭けて打ち込むことのできるものを見出せるなら、自分の人生に意味を見出すことができ、たとえ死に臨んだとしても、自分の人生は無駄ではなかったと感じられるはずだというのである。さらに岸本は次のように述べていた。

「自分の生命に代えてもというところまで徹したものがありとすれば、それのみは、暖かい手を指しのべて、働きかけてくる。その事物の中に、生命の光りの輝いているのを、見出すことができる。そこに、我が肉体の生命に変わる永遠の生命がある」

永遠の生命ということばは、一般にキリスト教において説かれるもので、それこそが信者にとっての信仰の究極の目標となるものである。

岸本は、神を捨て、キリスト教の信仰から離れたとはいえ、この時点では、それを完全に捨て去ったわけではないようにも見える。

岸本としては永遠の生命を見出そうとしてのことかもしれないが、癌にかかって以降、彼はガムシャラに働いたという（「死を見つめる心―ガンと闘って八年間」『毎日新聞』1962年6月9日、『岸本英夫集』第6巻）。

岸本は、癌が再発した後の1960年、東京大学附属図書館長に就任している。実は、岸本は恩師であった姉崎の娘と結婚していたが、姉崎も図書館長に就任した経験を持っていた。姉崎は、関東大震災で被害を被った図書館の復興に尽力した。岸本が力を傾けたのは、図書館の近代化だった。そのためにガムシャラに働いたのである。

だが、考えようによっては、ひたすら働き続けることで、癌の再発の恐れや、死の恐怖を無理に忘れようとしたとも考えられる。忘れることで、癌宣告を受けた当日のような状況に立ち戻ることをなんとか避けたい。それが意識的なものか、それとも無意識的なものかは分からないが、今から振り返ってみると、どうしてもそのように感じられてしまう。

そうしたなかで岸本は、「生死観三態」で述べたこととは異なる、さらに別の死生観を見出していくこととなった。その死生観とは、「死は別れのとき」というものだった。

日本女子大学の創始者はなぜ死の恐怖に打ち勝つことができたのか

岸本は、1960年1月29日、日本女子大学で講演を行っている。この大学の創立者は成瀬仁蔵という人物で、晩年癌にかかり、それをおして、学生たちにむかって講演を行ったことがあった。1919年1月29日のことで、それは大学において「告別講演」と呼ばれ、それを記念して講演が行われるようになった。そこに岸本が呼ばれたのである。

成瀬の告別講演が行われたとき、岸本の父は英文科で教えており、姉も附属学校の生徒代表として講演に出席していた。したがって、岸本は、父と姉から成瀬の講演のことを聞いていた。成瀬は、「患部を押さえながらも、非常にゆったりとされ、にこやかに話されたという」。ただし岸本は、このときのことについて、成瀬のこころの底には「死の恐怖がたけり狂い、先生はそれに闘い、打ち勝っていられた」と述べていた。これは明らかに自らの経験にもとづくものだが、本当に成瀬のなかでそうしたことが起こっていたのかどうかは分からない。

なぜ成瀬は、死の恐怖に打ち勝つことができたのか。岸本は、成瀬のこころの支えとなったものについて、「成瀬先生の死後、この女子大学があるということである」と指摘していた。成瀬が亡くなるのは告別講演からおよそ1ヶ月半が経った3月4日のことだが、その数日前に「三綱領」というものを書き残していた。

三綱領は、「信念徹底」「自発創生」「共同奉仕」からなるもので、入学式や卒業式のおり、卒業生が式辞を述べる際には、必ず引用される。私は、この大学で教えていた経験があるので、三綱領がずっと生き続けている光景にくり返し接した。

岸本は、こうしたことを述べた後に、「〝死〟というものは別れのときである」と述べた。成瀬は、告別講演を通して別れの準備をしたのであり、「あらかじめ死を悟り、身の回りを整理し、別れを告げてゆくことができたら非常にりっぱだと思うが、四十年前、成瀬先生はそれをなさった」というのである（「成瀬先生の宗教観—死の恐怖にうちかつ永遠の光」『女子大通信』第134号、1960年。後に『岸本英夫集』第6巻所収。なお岸本は、「癌の再発とたたかいつつ」『婦人公論』1962年1月号でこの講演を行ったときの経緯についてふれている。こちらは『死を見つめる心』所収）。

岸本が東大の図書館長に就任したのは、日本女子大での講演から2ヶ月余りが経った時点でのことだった。講演を行ったときには、すでにその人事は決定されていたはずだが、岸本は癌の再発を経験するなかで、人生の最期に残すべきものを求めていたのではないだろうか。図書館長への就任を要請されたとき、癌を理由にそれを断ることもできたはずである。しかし、岸本はそうはしなかった。むしろ、自らの命を図書館の改善のために捧げたのである。

亡くなるまで死の恐怖が消えることはなかった

１９６３年11月9日、改善がなった図書館の落成式が行われ、岸本は図書館長として挨拶をしている。そのときは元気だったようだ。

だが、夫人の証言によると、「その日を境にして、主人は長年の疲れがどっと出たように家に引きこもり、静養の生活」がはじまったという。そして、12月2日、散歩から夫人に抱きかかえられるようにして帰宅すると、そのまま寝込んでしまった。

東大病院に入院することになるが、その前には家族ひとりひとりに遺言し、担架で自宅から病院に移されるときには、なんども「サヨナラ、サヨナラ」と言って、別れを告げたという。入院から二週間で重体となり、１９６４年1月25日に亡くなっている（岸本三世「主人の思い出」『死を見つめる心』所収）。

東大附属図書館のウェブサイトを見てみると、「東京大学内の図書館全体の近代化を推進するため、昭和35年に就任した岸本英夫館長を中心にして、さまざまな改善計画が立案、実施され」たとし、「諸改革の実施には岸本館長の尽力に負うところが大きく、以後長期間にわたって、改革の果実を享受することができました」と記されている。岸本の功績は、こうして今でも高く評価されているのである。

岸本は東大の教授にまでなった知性の人であり、理性の人である。また、図書館長をつとめあげ、大きな功績をあげたということは、現実的な事務能力にも長けていたことになる。しかも、多くの弟子を生んでおり、人望も厚かった。

しかし、癌宣告は、そうした人物を恐怖に陥れた。その恐怖があまりに強いものであったため、すぐにはそれを人に語ることができず、相当に無理をして平静を装っていた。

しかも、再発の恐れがあり、それは現実のものとなった。岸本の癌との闘いは10年にわたるものだったが、亡くなるまで死の恐怖が消えることはなかったように見える。

岸本は60歳で亡くなっている。1964年のことだから、今とは大きく状況は違うにしても、当時としても早すぎた死であった。死は東大を退官する直前に訪れ、在職のまま亡くなった。たしかに図書館長としての仕事は十分に果たしたかもしれないが、他にもやり残したことはあると、本人は考えていたのではないだろうか。

岸本は、死の恐怖を感じ続けるなかで、死は別れのときであるという認識に達した。成瀬が告別講演のなかで、そのようなことを述べていたわけではない。だが岸本は、告別講演での成瀬のパフォーマンスに接して、成瀬が自分の作り上げた女子大の学生や関係者に別れを告げる儀式を演じていると感じ、そこから死は別れのときということばを思いついたのだ。これは偶然だが、成瀬が亡くなったのも岸本と同じく60歳のときだった。

今回はじめて計算してみたが、成瀬が60年と214日生きたのに対して、岸本は60年と212日だった。わずか2日間しか違わない。どちらについても出生の時刻と死亡の時刻は分からないが、それが正確に分かれば、生きた日数はさらに接近していたかもしれない。

二人とも癌で亡くなったわけで、岸本が黒色腫であったのに対して、成瀬は肝臓癌だった。成瀬が内臓に違和感を持ったのは亡くなる前の年の秋だった。肝臓癌と診断されたのは告別講演と同じ月だった。

その点では、成瀬が癌と闘った日々、死の恐怖を感じていた期間はかなり短かった。本人としてはあっと言う間に死が訪れたと感じたことだろう。成瀬の最期のことばは、「オオ万事好都合だ、総て満足だ」であったとされる。このことばを残した後、第1章でふれた多くの人がたどる道をたどって亡くなったことであろう。

岸本は、10年にわたる癌との闘いにおいて、それまで以上に懸命に生きたともいえる。それは死の恐怖を忘れるためでもあっただろうが、命が尽きるまで、自分にできることはすべてやり抜こうとしたに違いない。

誰にとっても、死はいつ訪れるか分からないものではあるが、その感覚は癌に冒されることで、岸本にはより強く感じられていた。死ぬまでにいったい自分は何を残せるのか。残せるものがあるなら、それにすべてを賭けたい。岸本の最期は、まさにそうしたものだった。

それは、岸本に限らず、かつては多くの人が持っていた死生観だったのではないだろうか。岸本の言い方では「生死観」ということになる。

次の章では、こうした死生観を現代の死生観と対比させながら考えてみたいと思う。

第3章 死生観の根本的な転換

死生観の四つの類型

死生観といったとき、それが意味するところは多様である。前の章でふれた宗教学者の岸本英夫の場合には、彼は死生観ではなく生死観ということばを使ったわけだが、それを三つの類型に分けていた。

岸本がそれを示したのは戦時中の1944年のことになるが、戦後の1948年には、「生死観四態」という論文を書いており、類型を四つに拡大していた（『宗教現象の諸相』大明堂所収。『死を見つめる心』にも収められている）。

最初の二つは変わらないのだが、「生死観三態」の第三の類型は、「自己の生命を、それに代る限りなき生命に托するもの」と「現実の生活の中に永遠の生命を感得するもの」の二つに分けられた。

岸本は、四態のうち、最初の三態は、生命を時間的に延長しようとするところに解決の鍵を見出そうとするものであるのに対して、第四の類型は、時間ではなく体験を問題にする心理的解決であるとし、「生命を時間的に引き伸ばそうと努力する代りに、現在の刻一刻の生活の中に、永遠の生命を感得せんとするもの」であるとした。

第三の類型と第四の類型がどう違うのかについて、岸本は、画家を例にして説明していた。

第三の類型は、後代に残される作品によって肉体的生命の限界を超えようとする試みであるのに対して、第四の類型では、作品を制作しているときの心境が問題だというのである。

巨匠が一心不乱に筆を運んでいるとき、長年にわたって鍛え上げられてきた技は、いままさに描かれつつある絵に集中している。それはいささかの雑念もなく、心境は澄み透っている。そのとき、心の底には、豊かな、深い特殊な体験が開けてくる。それは、永遠感、超絶感、絶対感というべきものである。

岸本は、「この輝かしい体験が心に遍満する時、時の一つ一つの刻みの中に永遠が感得される。現在の瞬間の中に、永遠が含まれている。画筆の運びの一筆々々が、時間を超えた永遠なる運びとなる」と述べていた。

岸本の述べている、こうした死生観は、禅の境地を思わせる。実際、岸本はアメリカで癌宣告を受けたときの夜、こころを鎮めるために坐禅を試みていた。

そして、岸本が描き出している心境は、哲学者の西田幾多郎《きたろう》が、『善の研究』のなかで展開している「純粋経験」と重なってくる。西田は深く禅に傾倒した人物であった。ただし、『善の研究』には、禅のことはいっさい出てこない。

西田の言う純粋経験は、何ら思想を交えない、思慮分別をいっさい加えることのない経験のことである。その具体的な例として、西田は一心に断崖を登っているときや、演奏家が熟練した曲を奏でているときのことをあげている。その際には、「注意は終始物に向けられ、前の作用が自ら後者を惹起《じゃっき》しその間に思惟を入れるべき少しの亀裂もない」というのである。

哲学者であるだけに、西田の文章は難解だが、純粋経験は、さまざまな分野の人間が、自らの行為に集中しているときのものだと考えると分かりやすい。最近では、スポーツ選手が「ゾーンに入った」という言い方をすることが多くなったが、純粋経験が持続している状態はまさにそれである。

岸本は、死生観を述べる際に、西田を引き合いに出しているわけではない。だが、ベストセラーとなり、知識青年たちを引きつけた『善の研究』に目を通していないということはあり得ない。岸本の言う第四の類型は、純粋経験のことをさしていると考えていいだろう。ただ、岸本はキリスト教の影響を色濃く受けているため、それを永遠の生命と呼ぶところに特徴がある。

「生死観四態」を岸本が書いたのは、癌宣告を受ける5年前のことである。したがって、そのときにはまだ、彼自身死の恐怖をリアルに体験していたわけではなかった。

もし第四の類型に立つことができたとしたら、死の恐怖に襲われる必要はなかったであろう。先のことを考えず、現在の瞬間に永遠を感じ取れれば、それで迷いも、恐れも生まれないはずだからである。

しかし、前の章で見たように、岸本は癌宣告に激しく動揺した。

岸本が「生死観三態」でも、「生死観四態」でも述べているように、人間は古代から、むしろ第一の類型や第二の類型の死生観に従ってきたといえる。不老不死を求めるか、来世に生まれ変わることを待望してきたのである。

とくに来世に対する信仰というものは、それぞれの宗教において極めて重要な意味を持ってきた。一神教なら天国に生まれ変わることを求め、仏教なら浄土へ生まれ変わることを求めてきた。

仏教の生まれたインドでは、輪廻転生の考え方が基本で、必ずしも生まれ変わりを好ましいものとはとらえられなかったので、仏教のなかに来世信仰が生まれることはなかった。しかし、中国の人々が仏教を受け入れるようになると、やがて浄土教信仰が生み出され、西方極楽浄土へいかに生まれ変わるかが、仏教の実践の重要な目的となっていった。インドの仏教と中国の仏教では、そのあり方は大きく違うのだ。

高まった来世への期待

日本で浄土教信仰が広まるのは平安時代の終わりになってからである。そこには、武士の台頭といったことも関係しているだろうが、戦乱やさまざまな災害が起こることで、飢饉が訪れ、疫病の流行がくり返された。現世に生きるということは、決して幸福なことではなく、その分、来世に対する期待が高まったのだ。

浄土教信仰を広める上で、大きな役割を果たしたのが、比叡山の僧侶、源信である。源信は、「往生要集」を著し、浄土がいかなる世界であるのかを説いたが、その前に、地獄を詳細に描いた。源信は、それぞれの人間が生前に犯した罪によって落とされる地獄が異なるとし、各種の地獄を詳細に、しかも凄惨に描き出していった。

源信が、本気で死後西方極楽浄土に生まれ変わることを熱望していたことは、彼が、「日本往生極楽記」の撰者となった慶滋保胤《よししげのやすたね》とともに「二十五三昧会《にじゅうござんまいえ》」という念仏結社を結成したところに示されていた。この結社のメンバーは毎月15日に集まり、ひたすら念仏を唱えた。そして、同じ結社の人間が重い病にかかり、臨終の床についた際には、皆でその周囲に集まり、その枕頭で念仏を唱え続け、死を迎えようとしている人間の極楽往生を助けた。

源信の影響を受け、鎌倉時代になると、法然が浄土宗を開き、その弟子と称した親鸞《しんらん》が浄土真宗を開くことになる。いかにして浄土に生まれ変わるのか、それが仏教信仰の核心に位置づけられた。時宗の一遍も同じ流れのなかにあった。

禅宗としては、臨済宗と曹洞宗が生まれることになるが、曹洞宗では、教団の維持運営のために密教などを取り入れ、独自に葬儀の方法を編み出していった。曹洞宗の開発した葬儀は、俗人をいったん出家させた形とし、それで仏弟子として浄土に送り出そうというものであった。

それだけ、現世の暮らしは厳しいものだった。武家政権が誕生することで戦乱はくり返され、現世での安楽な暮らしを求めることは相当に難しかった。そうした時代がかなり長い間続く。その間、人々は来世に浄土へ赴くことを夢見て、信仰にすがったのである。

そうした状況は近世に入るまで続いた。戦国の世が終わり、最終的に徳川家康の手で天下統一がなしとげられるまで、浄土教信仰は重要な意味を持ち続けた。

しかし、江戸時代に入ると、社会状況には変化が見られるようになる。戦乱が遠のくことで、社会的に安定がもたらされた。それは、人々の死生観にも影響を与えた。もちろん、その時代にも長寿が保障されたわけではなく、災害や飢饉、疫病は脅威だった。乳幼児の死亡率も高く、平均寿命はそれほど長くはなかった。統計のない時代なので、推定するしかないが、平均寿命はおそらく40代前半だったのではないだろうか。いつまで生きられるか分からない。その点は少しも変わらなかった。

幕末維新期になると、日本社会には民衆宗教、あるいは新宗教が生まれるようになる。

それは既存の神道や仏教の教団とは異なる組織を作り上げるようになるが、信仰の中身ということでも、従来のものとは違いがあった。

たとえば、新宗教のなかでも先駆的で、やがては大教団に発展していった天理教の場合、その死生観は独特だった。

もっとも特徴的なのは死のとらえ方で、天理教では死を「出直し」と呼んだ。人間のからだは神からの借り物であり、死んだ時にはそのからだを返す。からだに宿っていた魂は、別の肉体を探し、ふたたびこの世に現れるというのである。

生まれ変わりがくり返されるのだから、魂は永遠のものであり、浄土や天国のような他界に赴くことはない。また、地獄に落とされることもない。天理教の死生観の特徴は、他界の不在ということにあった。

そして、病気直しということが強調された。人間が病に陥ったりするのは、八つのほこりが原因になっているとされた。八つのほこりとは、をしい、ほしい、にくい、かわい、うらみ、はらだち、よく、こうまんである。人間は、ここにあげられたような心境になってしまうことがある。そのとき神は、病という形で、それを知らせてくれる。したがって、病に陥ったときには、自らのあり方を反省し、こころを改める必要があるというのである。

来世より現世に重きをおく創価学会

こうした借り物や八つのほこりといった考え方は天理教独自のものだが、他の新宗教においても、それぞれに病を治すための方法が開拓されていった。そこには、新宗教の信者となった人々の関心がどこにあるかが示されている。彼らは、死後の魂の行方にはさほど関心を持たず、もっぱら現実の世界での幸福な暮らしを求めた。その分、来世に対する信仰は希薄だった。

その点は、戦後にもっとも急速に、また大規模に拡大した新宗教である創価学会にも受け継がれた。

創価学会は、日蓮宗の一派である日蓮正宗《にちれんしょうしゅう》と密接な関係を持っていた。創価学会の会員となった人たちは、他の宗教や宗派の教えを否定し、それに関連する法具や仏壇、神棚については、「謗法払い《ほうぼうばら》」と称して焼却してしまった。それだけ排他的な姿勢を示す新宗教の教団は珍しい。そのために他の宗教や宗派と対立関係に陥った。教えを広めるために

「折伏《しゃくぶく》」という強引な手段をとったことも、それに影響した。

1990年代のはじめまで、創価学会に入会するということは、日蓮正宗に入信することを意味した。日蓮正宗の寺院からは、新しく信者になった人間に対して、日蓮の記した本尊曼陀羅《ほんぞんまんだら》を書写したものが渡された。中心に南無妙法蓮華経と大書したもので、信者はそれを各家庭の仏壇に祀るのである。

日蓮正宗・創価学会における仏壇の祀り方は独特なものである。

一般の家庭では、仏壇には主にその家の先祖の位牌が祀られる。仏壇は、日本宗教の基盤にある先祖崇拝の場であるとされるが、日蓮正宗・創価学会の仏壇は、先祖崇拝とは無縁で、会員たちはその前で、法華経を唱えたり、「南無妙法蓮華経」の唱題を行った。それは「勤行《ごんぎょう》」と呼ばれる。

創価学会の会員も、彼岸や盆には墓参りに行ったりする。しかし、先祖供養にはさほど熱心ではない。そこには、彼らが地方から都会に出てきた人間たちであり、祀るべき先祖を持たないということも影響していた。

創価学会の場合には、もう一つ他の新宗教とは異なる点があった。それは、病気直しを行わないことである。もちろん、会員のなかには重い病に陥るような人間もいる。その人間たちに奨められるのは、あくまで勤行の実践である。勤行に打ち込むことで、病に陥った境遇から解き放たれる「宿命転換」を果たすことがもっとも重要なことだった。宿命転換は、「人間革命」とも呼ばれた。

創価学会に来世に対する信仰がまったくないというわけではない。しかし、そこには大きな関心は寄せられていない。重要なのは、あくまで現世での暮らしであり、いかにそこで幸福を実現するかである。そうした死生観は、中世の浄土教信仰とは大きく異なる。

こうした創価学会の信仰は、死生観という面で都市的であり、現代的である。そこには、創価学会が、戦後の高度経済成長とともに、教団の規模を拡大してきたことが関係していた。高度経済成長は、人々の暮らしを大きく変え、豊かで安定した生活を実現することを可能にした。少なくとも、死後に極楽往生することを強く願う必要はなくなったのである。

そこに死生観の根本的な転換の予兆を見ることもできる。地方と都市での暮らしは大きく異なるのだ。

超長寿が前提の社会

日本の民俗学の開拓者である柳田國男は、先祖崇拝の重要性を強調したが、親譲りの仏教嫌いであったため、死後に西方極楽浄土に往生することを否定した。先祖の魂は浄土のようなはるか遠くへ行ってしまうのではなく、近くの山に行き、そこで山の神になる。そして、稲作が行われる時期になると里に降りて田の神となり、稲作の無事を守護する。収穫が終われば、田の神はその役割を終え、ふたたび山に登り、山の神に戻る。柳田は、そのように説いたのである。

これは、地方の農村で稲作を行ってきた人間には納得できる先祖のあり方だった。しかし、都会で企業などに雇われている人間にはまったくぴんとこない。そもそも、自分たちが生活している範囲には山などない。東京などはまさにそうだ。柳田の説くような先祖崇拝のあり方は、都会ではまったく通用しないものなのである。

戦後、経済が拡大していくとともに、日本人の平均寿命は伸びていき、世界でもトップを争うまでになった。人生は、50年から60年、さらには70年、80年と伸び、現在では90歳、あるいは100歳を超えて元気に生きている人たちも少なくない。超長寿社会が実現したのである。

もちろん、誰にでも絶対の長寿が保障されているというわけではない。若くして亡くなる人たちは今でもいる。自殺もそうだが、病や事故によって若くして亡くなる人たちはいる。

しかし、一歳未満の乳児の死亡数を見てみると、2020年では1512人だった。この数字だけを見ると、かなりの数の乳児が亡くなっているようにも思える。だが、2000年には3830人で、1990年には5616人だった。さらに遡って1960年だと4万9293人である。当時は生まれる乳児の数自体もかなり多かったが、1歳の誕生日を迎える前に亡くなってしまうケースが少なくなかった。それが今や大幅に改善され、そのことは平均寿命を伸ばすことに貢献している。

年末に喪中はがきを貰ったときに感じることだが、相当な長寿を享受している人がいることに驚かされることが少なくない。これまでの最高齢は106歳だった。しかもそれが飛び抜けて長寿だというわけではない。それ以前には104歳で亡くなったという通知を

2通、同じ年に受け取ったこともある。

それは新聞の死亡欄を通しても感じることである。相当な長寿をまっとうした人たちが少なくないのに接していると、たとえ80歳で亡くなったのだとしても、もっと生きられたのではないかと感じてしまう。

今や私たちも、自分自身が相当に長生きするのではないかと想定するようになってきた。80歳、90歳、さらには100歳まで生きたとしても、それは特別なことではない。当たり前のこととまでは言えないにしても、私たちはしだいに超長寿を前提にするようになってきた。

そうなると、いつまで生きられるか分からないとする死生観からは大分距離をおくようになる。いつまで生きられるか分からないというのは、絶対の真理であり続けているものの、それだったら、死ぬまで生きようと、割り切って考えることがもはやできなくなっている。

私たちは、80歳、90歳まで生きることを前提に、自らの人生を考えるようになってきた。先はまだ長い。そういう感覚を持ちながら生きるようになってきたのである。そして、いかにその長い人生をまっとうすればいいのか、それを絶えず意識せざるを得なくなってきたのである。

死生観Aと死生観B

私は、平均寿命が短い時代の死生観を、「死生観Ａ」と呼んでいる。死生観Ａにおいては、いつまで生きられるか分からないので、死ぬまで生きようとするわけである。その分、あまり先のことは考えない。

ところが、平均寿命が飛躍的に伸び、多くの人が80歳、90歳まで生きられるようになったことで、死生観の大きな転換が起こった。新しい死生観を「死生観Ｂ」と呼ぶが、それは超長寿を前提に、長い老後を生き抜いていかなければならないという状況のなかで生まれた死生観である。先の人生をどうするのか。その思いから逃れることができなくなるのだ。そうなると、死ぬまで生きればいいのだと思い切ることはできなくなってくる。

もちろんこれは、日本だけのことではない。平均寿命が伸びた先進国に共通の現象である。だが一方で、平均寿命がまだ短い国々では、死生観のＡからＢへの根本的な転換は起こっていない。そうした国々では、いつまで生きられるか分からないという感覚が依然として強いのである。

ただ、経済の急速な発展は多くの国々で起こっており、やがては平均寿命も伸びてくるものと予想される。そうなれば、今より多くの国で死生観の転換が起こるのではないだろうか。

長寿を前提とするというのは、いったいどういうことなのだろうか。

たとえば、現在の日本社会では、企業などに勤めていた場合、65歳での定年が増えてきた。あるいは、それ以前に定年を迎える企業もあるし、少し前までは60歳での定年が普通だった。

逆に、大学の教授だと、私学の場合には、68歳から70歳が定年ということが多い。現在では大学院の博士課程を終えていないと、なかなか大学で正規の職につくことが難しく、就職する年齢はかなり遅くなる。私がはじめて就職したのは１９８４年のことだが、そのときでさえ、すでに30歳を過ぎていた。

65歳で定年を迎えたとして、その後を老後と考えると、いったい老後の期間はどれほど続くのだろうか。

平均寿命は、その時点で生まれたばかりの人間がどれだけ生きるのかを示したもので、この場合には適切ではない。むしろ65歳の時点での平均余命を考慮すべきである。男性だと19・83歳で、女性だと24・63歳である（２０１９年の数字）。男性は85歳くらいまで生きる可能性が高く、女性だと90歳近くまでは平均で生きることになる。

つまり老後は、20年から25年に及ぶことになる。しかしこれはあくまで平均の数値であり、それを超えて生きる人も少なくない。仕事を退いてから、老後の期間が30年に及んでも何ら不思議ではないのである。

老後が長いということは、仕事からリタイアした日々をそれだけ楽しむことができるということを意味する。

だがそれも、経済的な環境に恵まれている人間の場合であり、誰もがそうした境遇にあるわけではない。そうなると、どうしても老後に対して強い不安を感じることになる。果たして私たちは長い老後を生き抜くことができるのだろうか。そうした考えがどうしても頭をよぎるのである。

人々が老後に関心を持ちはじめたのは平成の終わりから

死生観Aと死生観Bとを比較したとき、いったいどちらが幸福なのだろうか。そのような問いも生まれてくる。

死生観Aの時代には、現実の世界での暮らしは厳しく、いつなんどき不幸が襲ってくるか予想もできなかった。しかも、戦乱や戦争ともなれば、個人の力ではなんともしようがない。飢饉も同じだ。疫病も、その原因をつかむことさえできなかったのだから、ただただ怯えているしかなかった。

その点では、死生観Aから脱することは、幸福の実現に結びついたはずである。ところが、あまりに人生が長くなり、老後の期間が果てしなく続くことで、私たちは正直、戸惑いを感じるようになっている。

死生観Bへの転換がいったいいつ起こったのか、その時期を見定めることは難しい。それは徐々に起こってきたことで、ある瞬間に転換が起こったわけではないからである。

だが、その転換が起こったのはさほど昔のことではない。

少し前に『人は、老いない』（朝日新書）という本を書いたときに、老後ということばがいつから使われるようになったかを調べたことがある。

老後ということばがタイトルに使われている本について国立国会図書館で検索をしてみたのだ。

調べたのは2017年のことだが、2016年に刊行された老後をタイトルに含む本は65冊にも及んでいた。

その10年前の2006年には、まだ20冊だった。さらにその10年前の1996年は12冊で、まだ昭和だった1986年は15冊だった。

1976年となればわずか3冊で、1966年まで遡るとわずか1冊で、1956年でも1冊だった。1956年のものは、辰野隆《ゆたか》『独語と対話―青春と老後』である。著者はフランス文学者で随筆家であり、老後問題を扱った本とは言いがたい。

ここからいえることは、人々が老後に関心を持つようになったのは、平成の時代の終わりからららしいということである。さほど昔からのことではないのだ。死生観AからBへの転換は、2010年代に入ってから起こったことかもしれない。それは、かなり最近のことである。

したがって、私たちはまだ死生観Bに慣れていない。長い老後を想定し、それをどう生き抜いていったらいいのか、そのあまりの長さに戸惑い、はっきりとした臨み方を見出してはいないのだ。

さらには、そこにさまざまな不安がつきまとっている。何より、長い老後を支える経済のことが気になるわけだが、健康の問題も気になる。あるいは、何を生き甲斐にしていいのか、それもかなり重要な事柄として浮上してくることになる。

つねに人生の先を考えて生きざるを得ない。それが死生観Bの世界でのあり方である。実際には、死がいつ訪れてもおかしくないわけだから、先のことを考えても仕方がないはずなのだが、そうもいかない。考えなければ悲惨なことになってしまうのではないか。その恐れをどうしても感じてしまう。そこでは、死ぬまで生きればいいのだという覚悟を持つことは相当に難しい。

岸本は、「生死観」の第四の類型として、「現在の刻一刻の生活の中に、永遠の生命を感得せんとする」ことをあげ、それを理想としていたわけだが、死生観Bの世界では、現在という一点に集中することが難しい。将来への不安が、それを妨げているからだ。

長く生きられるようになったということは、長く生きなければならないということである。そんなに人生が長く続かなくてもいいと思っても、なかなかそうはいかないのだ。

ある葬祭業者が調べたところでは、葬儀の際に喪主をつとめたことがある20代から80代までの男女500名に尋ねたところ、はじめて喪主をつとめた平均の年齢は47・1歳という結果が出た。

47・1歳というのは若すぎるようにも思えるが、故人の続柄は父親が61パーセント、母親が23パーセント、配偶者が7パーセントだという（公益社が2018年に行った「『葬儀リテラシー』に関する意識・実態調査」による）。

親の葬儀を出すということは、やがて訪れる自らの死を意識することにつながる。自分もまた死を免れることができないことを、喪主の経験を通して実感するのだ。

そうなると、人生に対する考え方も変わってくる。自らの老後を考えるようになり、それにどう対処しなければならないのか対策を立てる必要に迫られる。

そうなると、自らの死や老後を、実感を持って考えていなかった状態には戻れない。死生観Bを実感するのは、そこからなのである。

47・1歳は、人生のちょうど半分ということなのかもしれない。それを2倍すると、94・2歳である。それまでは、さほど死や老後について考えていなかったのが、急に気になってくる。そして、気になりはじめたら、そのことが常にこころのどこかに引っかかっている。

長すぎる人生をいったいどうしたらいいのか。誰か頃合いを見て自分を死なせてはくれないだろうか。そういう願望を抱く人も出てくる。

次には、それに関連する安楽死のことを見ていきたい。

第4章
安楽死をめぐって

橋田壽賀子氏が望んだのは「自然な死」

「おしん」や「渡る世間は鬼ばかり」といったテレビ・ドラマの脚本家として知られる橋田壽賀子氏が亡くなったのは、私の母と同じ月の2021年4月4日のことだった。享年95である。橋田氏も私の母も、第2章でふれた成瀬仁蔵の創立した日本女子大の卒業生で、2学年離れているが、同時期に同じキャンパスにいた可能性はある。

橋田氏は、2月の下旬に急性リンパ腫が発見され、都内の病院に入院して治療にあたっていた。3月には自宅のある熱海市の病院に移り、亡くなる前日には自宅に戻っている。臨終の際には、橋田氏の作品に数多く出演した女優の泉ピン子氏が立ち会った。それから間もなく、4月9日には両親の墓所がある愛媛県今治市の墓地に納骨されたという。遺志で葬儀は行われなかったが、すみやかに納骨されたことになる。なお、今治市は、私の父方の祖母の出身地であり、ここでも縁を感じる。

その橋田氏は、2016年に『文藝春秋』誌のインタビューに答え、安楽死を希望していることを公にした。「認知症になったり、身体が動かなくなったりしたら、安楽死したい」

というのだ。

翌年には、『安楽死で死なせて下さい』（文春新書）という本も出版している。その翌年の2018年3月には、安楽死が合法化されているオランダで取材した朝日新聞の記者と対談をしている。

対談では、88歳ぐらいから自分の死について考えはじめたと語っている。随分遅くなるまで、死について考えなかったことになるが、それまでの心境は次のようであったという。

「自分が死ぬなんて思わないで、一生懸命仕事をしていたけれど、そのぐらいの年齢になると、自分の体がしぼんでしまい、それを見て『ああ、もうすぐ私も死ぬんだな』と実感した」というのである。

それでも、死ぬまではなんとか元気でいたいと、週に3回1時間ずつトレーニングをしたり、医者にも通っている。

安楽死というと、不治の病にかかった人間が望むものだというイメージがあるが、彼女のは、それとは異なる。「もういよいよだめだ」というときになり、「お願いです。もう精いっぱい生きたんです。死なせてください」と言ったら、「はい、いいよ」と楽に死なせてくれる仕組みがあればというのである。

彼女は、そのときに備えており、自分の意思を遺言書にもしたためていた。そこには、「無駄な延命はやめてください。お葬式はいりません。しのぶ会もやめてください。マスコミにはだまっててください」と書いてあったという。ここに葬式は要らないとする遺志が示されていた。

ただ、日本では安楽死は難しいので、それは「あきらめた」とも語っていた。その代わりに、専門の在宅医に、「ご飯が食べられなくなったら、すり身にして食べさせたりさせないでください。もちろん胃ろうなんてやめてください」とお願いしたいと語った。

記者が、「安楽死はあきらめたんですか」と改めて尋ねると、橋田氏は、自分が安楽死をあきらめた理由として、「安楽死について発言すると、うるさく言われることが多いんですよ」と述べていた。

安楽死については根強い反対の声がある。橋田氏の発言には、大きな反響があったので、彼女のもとにはさまざまな意見が寄せられたのであろう。

橋田氏のインタビューを読んでみると、具体的に死が訪れるということがどういうことなのか、十分には理解していなかったようにも思える。

橋田氏には4歳年下の夫がいたが、癌で亡くなっている。60歳と若かった。橋田氏は、その23回忌に、「妻が夫をおくるとき」というドラマを書き、それはテレビで放送されている。その点では、死を看取った経験があるはずである。

しかし、死が間近に迫っている段階では、医師が介入しなくても、私の母のように自然に亡くなっていく。その際には、「死なせてください」と言う余裕もない。ご飯が食べられなくなったら、すり身にしても食べられないはずだ。

そうした点を考えてみたとき、橋田氏の望んでいたことが果たして安楽死に該当するのかどうか、そこからして問題になる。それはむしろ、自然な死を望むということであり、実際のことを考えてみるならば、あえて医師が介入する必要もない。介入しようとしても、そもそもそれは無理な状況なのである。

「積極的安楽死」と「消極的安楽死」

胃ろうを拒否するということであれば、安楽死ということばを使うより、「尊厳死」ということばを使った方がいい。尊厳死は過度の延命治療を行わないことを意味し、それなら現状でも十分に可能だ。橋田氏は、その遺思を表明していたわけだから、看取った泉ピン子氏も、その点については了解していたことだろう。

安楽死ということばは、さまざまな形で使われ、意味は必ずしも一つとは決まっていない。

安楽死に関して重要なことは、そこに「積極的安楽死」と「消極的安楽死」の区別があることである。

積極的安楽死の方は、安楽死を望む患者に対して、医師が死に至る薬物を注射するなどして速やかに死に導くものである。医師の積極的な関与があるために、積極的安楽死と呼ばれる。

これに対して消極的安楽死の方は、重篤な状態に陥った患者に対して、人工呼吸器などの生命維持装置を用いないとか、鎮静剤としてモルヒネなどを投与することで緩和ケアを行い、結果的に死に導いていくという方法のことをさす。医師が直接患者を死に至らしめるわけではないので、消極的安楽死と呼ばれる。尊厳死というのは、この消極的安楽死のことである。

日本で尊厳死の普及につとめているのが、公益財団法人日本尊厳死協会である。そのウェブサイトを見てみると、「尊厳死は、延命措置を断わって自然死を迎えることです。これに対し、安楽死は、医師など第三者が薬物などを使って患者の死期を積極的に早めることです」と説明されている。橋田氏の望んだことは、やはり尊厳死に近い。あるいは、医師の介入を求めたところでは、安楽死と尊厳死の中間を望んだということかもしれない。

尊厳死に関しては、日本尊厳死協会の働きも大きく、しだいに社会に浸透してきている。尊厳死は間違っており、どこまでも患者は生かさなければならないという考え方は、ほとんどなくなってきた。協会では、元気なうちに、あらかじめ「リビング・ウイル（LW）」を表明し、尊厳死の意思があることを明確にするよう呼び掛けている。

ただ一つ、ここで頭に入れておかなければならないのは、協会がもともとは「安楽死協会」として発足したことである。それは1976年のことで、日本尊厳死協会への改称は1983年だった。

日本尊厳死協会が安楽死協会としてはじまったことは、以下にふれるように、日本で安楽死を合法化する上で障害になっている部分がある。

安楽死協会はすぐに日本安楽死協会と改称されるが、それを設立したのは太田典礼《てんれい》という産婦人科の医師だった。太田は1947年に日本社会党から衆議院議員選挙に立候補し、当選したものの、次の選挙では落選している。ところが、議員であった間に優生保護法の制定に尽力し、それを実現させていた。

太田は産児制限を主張し、避妊に使われる「太田リング」も考案している。そうしたところに、人間を選別しようとする優生思想の存在が感じられる。

太田は、1969年に『思想の科学』誌に、「老人の孤独」という文章を発表している。そのなかで太田は、「社会にめいわくをかけて長生きしているのも少なくない。（中略）ドライないい方をすれば、もはや社会的に活動もできず、何の役にも立たなくなって生きているのは、社会的罪悪であり、その報いが、孤独である、と私は思う」と述べていた。

その上で太田は、「老人孤独の最高の解決策として自殺をすすめたい。数年前、本誌で、安楽死論をのせたが、更に一歩進めて、自殺を肯定しよう。（中略）自由思想によれば、自殺は個人の自由であり、権利でさえもある。老人が、もはや生きている価値がないと自覚したとき自殺するのは、最善の社会的人間的行為である」と主張していた。

安楽死や尊厳死に反対する人たちは、そこに優生学、優生思想があるととらえる。優生学は、悪質な遺伝形質を淘汰して優良な遺伝形質を保存することをめざすもので、ナチスのイデオロギーとなったことがよく知られている。

その点で太田の存在は象徴的である。日本尊厳死協会では、尊厳死の法制化をめざしてきたが、それがなかなか実現されないのも、協会の原点に優生思想があると見なされてきたからではないだろうか。

太田は、1982年に刊行した『安楽死―人間にとっての「死ぬ権利」』（三一書房）という本のなかで、「日本安楽死協会は、はじめから消極的安楽死に重点をおき、法律案もそれをめざしてきたため、積極的安楽死については批判的であった」と述べている。

日本安楽死協会の後を継いだ日本尊厳死協会も、安楽死ではなく尊厳死ということばを使ったところに示されているように、もっぱら消極的安楽死の実現をめざしている。決して、積極的安楽死の実現をめざそうというわけではない。その点はおさえておく必要がある。

日本安楽死協会が設立されるにあたっては、当時の社会情勢が深く関係していた。

森鷗外は娘を安楽死させる寸前だった

1972年に有吉佐和子の『恍惚の人』という小説がベストセラーになり、認知症に関心が集まった。

さらに、この時期にアメリカでは、「カレン事件」が起こった。これは、脳に損傷を受け、持続的植物状態になったカレン・クィンランという女性の父親が、人工呼吸器を外すことを求めて訴訟を起こしたものだった。ニュージャージー州最高裁判所は、日本で安楽死協会が設立される1976年に人工呼吸器を取り外すことを認めた。

これは消極的安楽死、尊厳死が認められたことを意味する。こうした事件を通して、安楽死、尊厳死についての議論は活発なものになり、安楽死協会の設立は社会が注目するところとなった（カレンについては、判決に従って人工呼吸器は外された。ところが、彼女はすぐには亡くならなかった。その後約10年近く生き続け、亡くなったのは1985年のことだった）。

安楽死ということばは、英語では、〝euthanasia〟という。ユーサネイジアと発音するのが近い。

フランス語やオランダ語では、〝euthanasie〟で、ドイツ語でも、〝euthanasie〟が使われるが、〝Sterbehilfe〟ということばもある。

〝euthanasia〟ということばは、古代ギリシア語の〝euthanasia〟（エウタナシア）に遡るもので、〝eu〟（エウ）は善いという意味で、それに死を意味する〝thanatos〟（タナトス）が結びついて、〝euthanasia〟ということばが生まれた。「善き死」というわけである。

安楽死は、このユーサネイジアの訳語だが、安楽死という日本語には、苦しみを免れた安らかな死のイメージがある。それは、ユーサネイジアにはないものである。

尊厳死の場合、英語では〝death with dignity〟となるが、このことばはあまり使われておらず、もっぱら、〝euthanasia〟が使われている。積極的安楽死は〝active euthanasia〟、もしくは〝positive euthanasia〟といわれ、尊厳死を意味する消極的安楽死は、〝passive euthanasia〟や〝negative euthanasia〟といわれる。

他に、安楽死に関係することばとしては、「自殺幇助」がある。英語では、〝Physician-assisted suicide〟で、ＰＡＳという略称が用いられる。

これを直訳すれば、「医師の援助による自殺」となる。自殺幇助において、医師は患者に対して死に至る薬物を与えるだけで、それを服用するのはあくまで患者の方である。患者が薬物によって自ら死に至る点で積極的安楽死とは異なっている。ただ、この自殺幇助も、結局は目的が同じなので、〝euthanasia〟に含まれる。

日本で安楽死のことが議論になるのは明治時代になってからである。それも、〝euthanasie〟ということばが日本に伝えられるようになってからである。

ただそれは、専門の医師の間での議論だった。安楽死が一般の人々の関心を呼ぶ上で、文豪の森鷗外の影響は大きかった。それも鷗外が、『高瀬舟』という安楽死を扱った小説を書いているからである。

『高瀬舟』は、病気で苦しんでいた弟が自殺を図ったものの死に切れなかったため、兄である男が殺してしまった話である。

男は島流しになるが、高瀬川を下る高瀬舟で送っていった同心は、男から話を聞き、「それが罪であらうか。殺したのは罪に相違ない。しかしそれが苦から救ふためであつたと思ふと、そこに疑が生じて、どうしても解けぬのである」と違和感を持つ。

この小説は、『中央公論』誌の1916年1月号に発表された。鷗外は同じ月に刊行された『心の花』という雑誌に『高瀬舟』を書いたいきさつについて書いていて、そこで安楽死についてふれている。

「死に瀕して苦しむものがあったら、らくに死なせて、その苦を救ってやるがいいというのである。これをユウタナジイという。らくに死なせるという意味である」

鷗外は小説家であると同時に医師であり、陸軍の軍医だった。日清戦争や日露戦争のときには出征していた。戦場では十分な医療を施すことが難しいわけで、あるいは安楽死を必要とするような状況に追い込まれたことがあったのかもしれない。

鷗外は、戦場ではなく、家庭生活において、安楽死を施す寸前まで行ったことがあった。それは5歳だった娘の茉莉《まり》が百日咳にかかって死にそうになり、苦しんでいたときのことである。茉莉は1903年の生まれだから、百日咳にかかったのは『高瀬舟』が書かれる10年ほど前のことであった。

この出来事がどういうものだったのか、家族によって証言はまちまちであり、真相は分からない。後年小説家になる茉莉自身が書いた「注射」という文章によれば、安楽死を奨めたのは医師で、母親も納得していたという。

そこで鷗外が注射で娘を安楽死させようとしたところ、茉莉の母方の祖父が「人間の寿命というものは分るものではない。未里（茉莉のこと）にまだ寿命があったらどうする」と叱りつけ、それで彼女は安楽死を免れたという。実際、三日後には奇跡的に回復している（寿台順誠「『諦め』としての安楽死──森鷗外の安楽死観」『生命倫理』26巻1号、2016年）。

鷗外にはこうした体験があったからこそ、『高瀬舟』のような小説を書いたのだろうが、この出来事が起こる前に、「甘瞑《かんめい》の説」という医学論文を書き、そこで、〝euthanasie〟にふれていた。積極的安楽死に対しては、これを否定し、消極的安楽死は認めるという内容だった（同「安楽死事始め──森鷗外『甘瞑の説』の意義と問題点」『生命倫理』27巻1号、2017年）。

鷗外は、『高瀬舟』において、弟を安楽死させてしまった喜助という男の姿を、「其額は晴やかで、目には微かなかがやきがある」とし、「喜助の顔が縦から見ても、横から見ても、いかにも楽しさうで、若し役人に対する気兼がなかつたなら、口笛を吹きはじめるとか、鼻歌を歌ひ出すとかしさうに思われた」という形で描き出している。

喜助を船で送る同心は、喜助の行ったことが遠島に値するのか大いに迷い、奉行に聞いてみようと考えるところで、この短い小説は閉じられている。

『高瀬舟』は、江戸時代の随筆集である『翁草《おきなぐさ》』の第117巻にある「流人の話」が元になっていた。

その流人は、本来なら死罪になったところを、「悪心なく」ということで、流罪に減刑されていた。同心は男が船に乗せられる際、「世に嬉しげに、船へ乗てもいさゝか愁へる色不見」と述べている。男は安楽死させたことを後悔していなかったというのである。『高瀬舟』において、兄によって殺された弟は瀕死の状態にあり、死ねなくて苦しんでいた。しかも、自ら死を望んでいた。そうしたことがなければ、兄が弟を殺す理由はまったくない。

それに対して、鷗外が実際に家庭内で経験した出来事においては、本人の意思によって安楽死が実行に移されようとしたわけではない。茉莉が、「殺してください」と言ったとはされていない。ただ、親が不憫だと思ったことで、茉莉は安楽死させられそうになったのである。

もし、鷗外が娘を安楽死させていたら、いったいどういうことになっていたのだろうか。

鷗外が法によって裁かれたとは思えないが、彼のこころのなかに、娘を安楽死させてしまったという思いがずっと残り続けたに違いない。それは、その後の人生に影を落とした可能性は考えられる。もし、その出来事が世間に公にされていたとしたら、議論が巻き起こっていたこともあり得る。

医師による積極的安楽死が許容される四要件

今の時代に鷗外が娘を安楽死させていたら、法によって裁かれたことは間違いない。実際、安楽死が実行に移された際には、実行した人間は逮捕され、裁判にかけられている。

安楽死をめぐる代表的な事件に、1961年に起こった「名古屋安楽死事件」がある。

これは、医師による安楽死ではない。罪を問われたのは瀕死の父親を死にいたらしめた24歳の青年だった。

青年の父親は1956年に脳溢血で倒れた。1959年にはふたたび出血して、全身不随になってしまった。父親には激痛が走り、しゃっくりの発作も起こるようになっていた。

そこで父親は、「苦しい、殺してほしい」と家族に訴えるようになった。

1961年の夏になると、主治医から父親の命は後7日か10日くらいだろうと告げられる。

息子は、父親の苦しそうな様子を見て、配達された牛乳瓶のなかに有機リン殺虫剤を入れた。母親は、そのことを知らないまま父親に飲ませてしまった。

それで父親は死亡し、息子は嘱託殺人で裁判にかけられた。判決は懲役1年執行猶予3年というものだった。当時はまだ緩和ケアなど発達しておらず、父親の痛みを和らげることができなかった。苦しむ父親の姿を見て、息子は耐えられなくなったのだろう。そのことが、この事件が起こった一つの要因だったものと推測される。

注目されるのは名古屋高等裁判所が1962年12月22日に下した判決である。この判決のなかで、安楽死が認められる要件がはじめて示されたからである。裁判所は、次の6つの項目をあげた。

(1)病者が現代医学の知識と技術からみて不治の病に冒され、しかもその死が目前に迫っていること、

（2）病者の苦痛が甚しく、何人も真にこれを見るに忍びない程度のものなること、
（3）もつぱら病者の死苦の緩和の目的でなされたこと、
（4）病者の意識がなお明瞭であつて意思を表明できる場合には、本人の真摯な嘱託又は承諾のあること、
（5）医師の手によることを本則とし、これにより得ない場合には医師によりえない首肯するに足る特別な事情があること、
（6）その方法が倫理的にも妥当なものとして認容しうるものなること。

判決において、この事件ではこのうち、（5）と（6）について該当しないとされた。「医師の手によることを得なかったなんら首肯するに足る特別の事情が認められない」し、「手段として採られたのが病人に飲ませる牛乳に有機燐殺虫剤を混入するというような、倫理的に認容しがたい方法」であったというのだ。

ただそれでも、（5）の項目で、医師以外にも安楽死ができるとしたのは重要なことだった。

しかし、この点については、１９９１年に起こった「東海大学安楽死事件」の判決によって修正が施されることになる。

この事件は、東海大学付属病院に入院していた末期癌の患者に対して、担当の医師であった大学助手が、塩化カリウムを投与して患者を安楽死させたものである。助手は殺人罪に問われた。

横浜地方裁判所は、１９９５年３月28日の判決で、懲役２年執行猶予２年の有罪判決を下す。その際に、医師による積極的安楽死が許容される四つの要件が、次の形で示された。

（１）患者が耐えがたい肉体的苦痛に苦しんでいること、
（２）患者は死が避けられず、その死期が迫っていること、
（３）患者の肉体的苦痛を除去・緩和するために方法を尽くし他に代替手段がないこと、
（４）生命の短縮を承諾する患者の明示の意思表示があること、

名古屋高等裁判所の判決と大きく異なるのは、あくまで医師によるものに限定された点

である。

この事件の場合には、患者が昏睡状態にあったため、（4）の要件が満たされないと判断された。本人の意思がはっきりしなかったというのだ。ただ、家族は安楽死を強く求めていた。大学助手はそれで犯行に至ったとされ、実刑ではなく、執行猶予がついた。

オランダで安楽死法が制定された背景

問題は、こうした判決をどのようにとらえるかである。裁判所が示した安楽死の条件をすべて満たしたとしたら、実行者は犯罪には問われないことになる。それは、考えようによっては、日本においても安楽死が合法化されていることを意味しているのかもしれないのである。

一般に、日本では安楽死は合法化されてはいないとされている。たしかに、安楽死を可能にする法律が制定されているわけではない。

ただ、法律の世界には、「違法性阻却事由」という考え方がある。これは、「形式上は違法な行為でも、それが正当防衛として行われた場合等、正当化する特別の事由があった場合には、この効果は生じない」（『世界大百科事典 第2版』平凡社）というものである。人を殺せば、殺人に問われる。しかし、犯行に及んだ人間が、殺した相手から殺されそうになっていて、自分を守るためにやむを得ず暴力を振るい、相手を死にいたらしめたというときには、正当防衛として犯罪とはならないというのである。

裁判所が判決のなかであげた安楽死の条件も、この違法性阻却事由を示したものと解釈することができる。本人が病によって激しい苦痛に苛まれ、病を癒す手段もなければ、苦痛を除去する手段もない。その上で本人が明確に意思を示したのであれば、医師は安楽死を実行できる。その場合には罪に問われないというわけである。

この点については、安楽死が合法化されているオランダでの条件と比較してみるならば、その意味をより深く理解できるのではないだろうか。

オランダで安楽死を合法化する法律が制定されたのは2001年4月のことである。その法律は、〝Wet toetsing levensbeëindiging op verzoek en hulp bij zelfdoding〟と呼ばれるもので、これは、「要請にもとづく生命の終結と自殺幇助についての法律」（以下、安楽死法と呼ぶ）と訳すことができる。

安楽死法は、安楽死を実行した医師が訴追されることを保護するためのものである。ただ、安楽死を行う医師は、次の六つの項目について、「相当な注意（Due Care）」をしなければならないと定められている。

（1）患者が任意にかつ注意深く考慮された要請を行ったということを確信していなければならない、

（2）患者の苦痛が耐え難く、かつ回復の見込みがないことを確信していなければならない、

（3）患者に本人の現状とこれからの見込みを伝えていなければならない、

（4）患者の状態にかんがみて、患者と共に合理的な代替策がないという結論に達していなければならない、

（5）患者を診断し、（1）及び（2）に示される基準に関する意見書を提出した中立医の少なくとも一人に意見を求めていなくてはならない、

（6）適切な医療処置及び配慮のもとで患者の生命を終焉させること、または自殺幇助し

ていなければならない（瀬尾幸子「安楽死と尊厳死—日本とオランダの比較考察」『人間学研究論集』7号、2018年3月1日）。

安楽死を望む人間の苦痛が耐え難く、なおかつその状態から回復の見込みがないということを、本人も理解し、医者も同意していることが必要だというわけである。ここまでのところは、日本の裁判所が示した要件と変わらない。違うのは、診断した医師とは別の中立的な立場の医師の判断も求められている点である。

これは、安楽死を合法化したときに起こるトラブルを防ぐことを意図したものである。診断した医師の判断が果たして正しいものなのか、それを第三者に検討させようというわけである。

オランダで安楽死が合法化されるにあたっては、いくつかの事件が起こったことがその背景にあった。最初の事件は、「ポストマ医師事件」だった。これは、医師が自らの母親を安楽死させた事件である。ポストマ医師の母親は脳溢血で倒れ、部分麻痺、言語障害、難聴などで苦しむようになった。そのため、ベッドからわざと落ちたりして何度か自殺を図ったものの、死に切れなかった。

母親は「死にたい」、「もういいから、楽にしてほしい」と言い続けた。娘のポストマ医師は、この願いを聞き届けてやりたいと、やはり医師であった夫に相談した。夫は妻の意見に賛成し、「あなたが自分の母親を死なせるのはつら過ぎるよ。私がお母さんを眠らせてあげる」と言ってくれた。

けれども、ポストマ医師は、「やはり私が母を楽にさせてあげたい」と言い張り、自分の腕のなかに母親を抱いて、モルヒネ200ミリグラムを注射し、安楽死させた。彼女は、すべての事情を書きとめた報告書を持って警察に自首した。

ポストマ医師は起訴されたが、全国から彼女に同情する声があがり、医師たちも彼女を救うために立ち上がった。レーウワーデン裁判所は、1973年、ポストマ医師に対して嘱託殺人を禁じるオランダ刑法第二九三条に違反したとして、一週間の懲役並びに一年間の執行猶予の判決を下した。

重要なのは、その際に、次のような「レーウワーデン安楽死容認四要件」が示されたことである。

1、患者は、不治の病に罹っている。
2、耐えられない苦痛に苦しんでいる。
3、自分の生命を終焉させてほしいと要請している。
4、患者を担当していた医師あるいはその医師と相談した他の医師が患者の生命を終焉させる。

これが、先にあげた「相当な注意」の基礎になっている。

裁判所で判決が出た直後に、「オランダ自発的安楽死協会」が設立された。この協会の目的は、刑法第二九三条を改正し、医師による安楽死を法的に認めさせることにあった。また、同じ時期には、法律家のファン・ティル博士が中心となり、「自発的安楽死財団」も設立された。この財団の目的は、安楽死を求める人たちを援助し、同時に無理な安楽死を防ぐ方策について検討することにあった。

1981年には、勅令によって、「オランダ国家安楽死委員会」が設置され、安楽死にまつわる事件は中央機関で審議されることになった。これでオランダは国家として安楽死を認める方向にむかったわけだが、次に、「アルクマール事件」が起こる。

これは、もしものときには安楽死をしたいという意思表示を、アドバンス・ディレクティブ（事前指示書）に記していた94歳のマリアという女性が、難聴で目も見えず、言語障害がある上に腰を骨折し、症状が進んで、いったん昏睡状態に陥った後、意識が戻ったとき医師に安楽死を希望したというものである。医師は、彼女の希望を受け入れ、安楽死を実行して、やはり自首した。

アルクマール地方裁判所は、被告の医師に違法行為はないという無罪判決を言い渡した。この事件は控訴され、アムステルダム高等裁判所は判決を覆すが、最高裁判所は高等裁判所の判決は誤りとしたため、高等裁判所は被告を放免する。これで、最高裁判所が安楽死にお墨付きを与えた形になった。

その後も、同種の事件がいくつか起こり、ついには安楽死法が制定されることになったのである（こうした経緯については、星野一正「オランダで、安楽死の容認はなぜ可能なのか」『時の法令』1650号を参照）。

日本でも、安楽死をめぐる事件は起こり、裁判所は安楽死が認められる条件を示した。しかし、日本では、安楽死の法制化は実現されていないし、それを実現しようという動きは必ずしも活発ではない。

安楽死協会から発展した日本尊厳死協会が存在し、10万人を超える会員を抱えているが、すでに述べたように、協会がめざすのは当初から消極的安楽死、尊厳死であり、積極的安楽死ではない。

ではなぜ、日本では安楽死を合法化する方向に進んでいないのだろうか。次の章では、その点について考えてみたい。

第5章

なぜ日本で安楽死は認められないのか

二人の医師による「嘱託殺人」事件

２０２０年7月23日、二人の医師がＡＬＳ（筋萎縮性側索硬化症）を発症した女性に頼まれ、嘱託殺人を行ったという容疑で逮捕されるという事件が起こった。この事件は起訴されている。

この事件で逮捕されたのは、山本直樹と大久保愉一《よしかず》の両医師だが、二人は、その後、山本医師の父親を殺害したとして、山本医師の母親とともにふたたび逮捕されている。

そちらは２０１１年3月5日のことだった。精神疾患を患って長野の病院に入院していた父親が口で食事ができなくなったため、主治医から胃ろうを提案された。すると、山本医師は、「長生きさせてどうする」と父親を退院させ、その日に、大久保医師とともに、点滴を使って殺害したというのである。

母親を含めた3人は、病死に見せかけるために診断書を偽造し、検死や司法解剖を経ないまま火葬することに成功した。

この事件については、すでに遺体が存在しないため、「遺体なき」殺人といわれる。その点では、起訴されても、公判維持が難航する可能性も考えられる。

実はこれは、まったくの偶然になるのだが、私の母の葬儀を担当してもらった葬祭業者は、この事件の父親の遺体を火葬する手配を行った人物だった。

もちろんそれは、あくまで依頼され、業務として行ったことであり、その人物は、背後にそのような事件が起こっていたことなどまったく承知していなかった。

しかし、今回、警察からは捜査への協力を求められたという。関係する書類なども提出したようだが、10年前のことなので、そのことを記憶してはいないという。

どちらの事件についても、果たしてそれが殺人にあたるのかどうか、これからそれが問われていくことになるわけだが、ここで私が注目したいと思うのは、ＡＬＳ患者の事件の報道のされ方である。

その事件を伝える新聞の記事では、これは安楽死にはあてはまらない特異な事件なので、嘱託殺人にあたると報道された。たとえば、7月28日の東京新聞の社説の見出しは、「ＡＬＳ嘱託殺人 安楽死の事件ではない」というものだった。安楽死の議論には結びつかないというのである。

安楽死だから事件になったのではない。安楽死ではないから事件になったというのである。

こうした報道の仕方を見て私は、だったら、前の章で見た横浜地方裁判所が示した四つの要件を満たしているのなら、それは安楽死であり、事件にはならないということなのだろうかと感じた。

もしも、四つの要件を完璧に満たす形で、医師が、不治の病に苦しむ人間を本人の同意のもとで死にいたらしめるという出来事が起こったとしたら、それは安楽死として認められることになる。となると、日本で安楽死が認められていないという前提が崩れる。それは、安楽死を合法化したオランダと少しも変わらないということではないだろうか。実際、日本では安楽死が認められていると考える海外の研究者もいるようだ。

一般には、日本では安楽死は合法化されていないというのが、基本的な認識である。ところが、必ずしもそうではないのではないか。その点にはまだ注目が集まっていない。日本でも積極的安楽死を実現しようとして運動を展開している人たちはいる。

私は、その運動に携わっている方から手紙をいただいたことで、それを知ったのだが、そのための活動団体がある。それが、「NPO法人 私の安息死研究会」である。

理事長の酒井一郎氏からの手紙では、安楽死を合法的、かつ容易に実践する方法として自殺をあげていた。「クルーザーに乗って、船が太平洋上へ行った時に、夜中に甲板から海中へ飛び込みます。苦しむのはほんの数秒で済みます。船室に遺書を残しておけば、船長に迷惑が掛からないし、死亡を確認するため医師を手配する必要もありません」というのだ。

ただこれは、元気であることが前提になる。

では、病に陥ったときにはどうするのか。そのときには自殺幇助行為が必要になる。重病になり、自分でクルーザーに乗れないときは、自殺を介助してくれる医師を募集するという。そして、それを容易にするために、100万人の会員を集め、「会員の中で義侠心のある引退老医師に訴えて、自殺幇助を頼みます」という。「引退医師なら、自殺幇助罪で有罪判決を受けて、医師免状を没収されても、痛くもかゆくもありません」と、酒井氏は述べている。

船から海に飛び込んだ8代目市川團蔵

クルーザーに乗って海に飛び込むということで思い出される例がある。それが、1966年に亡くなった歌舞伎役者の8代目市川團蔵《だんぞう》のことである。現在活躍している9代目團蔵はその孫にあたる。

8代目團蔵は、引退興行を行った後、念願の四国遍路にむかった。遍路を終えた後、小豆島に滞在してから大阪行きの船に乗り、そのまま消息を絶った。船から海に飛び込んだと考えられるが、遺体はあがらなかった。辞世は、「我死なば 香典うけな 通夜もせず 迷惑かけず さらば地獄へ」というものだった。

團蔵は、自分は役者には向いていないと考えていたようで、何度も引退を申し出たが、周囲から説得され、舞台に出続けた。辞世の最後にある地獄ということばは、舞台に上がり続けた日々のことを言うのかもしれない。あるいは、まずい舞台を続けたことで地獄に落ちるしかないと考えたのかもしれない。亡くなったのは84歳のときだった。

これが、酒井氏が考える安息死にあたるものと考えられるが、問題は、そういう死に方、あるいは、自殺幇助によっての死を望む人がどれほど日本に存在するかである。運動を本格化させ、それで100万人の会員を集められるというのであれば、それだけ安楽死を望む人間が膨大な数存在することになる。しかし、潜在的にでも安楽死を望む人間が多く存在するのなら、すでにそうした動きは顕著になっていたのではないだろうか。

安楽死をめぐって最近話題になったのが、医師の自殺幇助による安楽死が認められているスイスで、それによって亡くなった日本人女性のことである。

その女性は多系統萎縮症という難病を患っており、51歳で安楽死を遂げることになるが、この女性が安楽死をするまでの過程は、NHKスペシャル「彼女は安楽死を選んだ」（2019年6月2日）で放送された。

この番組が衝撃的だったのは、実際に安楽死する場面が放送されたことだった。彼女は、渡された致死薬を自ら投与する形で亡くなった。一瞬にして眠りに落ちるように亡くなったところが印象的で、それは、第1章で述べた一般の自然死とはまったく異なるものだった。

これを仲介したのがジャーナリストの宮下洋一氏で、その経緯については、自身『安楽死を遂げた日本人』（小学館）で書いている。この本は、番組の放送直後に刊行された。宮下氏は、ヨーロッパにおける安楽死の事情についてルポした『安楽死を遂げるまで』（同）という本も2017年に刊行している。

彼女が安楽死を遂げるためにスイスに向かったのは、スイスでは、外国人であっても、自殺幇助による安楽死が認められているからである。

オランダでは、居住しているなら外国人でも安楽死が可能だが、いきなり外国から来ても、それは認められない。というのも、安楽死を行うのは、かかりつけのホームドクターだからである。居住していなければ、ホームドクターはいない。

オランダとスイスでは、安楽死を認めるやり方が異なっている。オランダでは、新たに法律を制定し、安楽死を合法化したわけだが、スイスではそのやり方はとられなかった。刑法の解釈によって、医師による自殺幇助を認める方向にむかったのである。

スイスの現在の刑法は1937年に制定され、1942年に発効したものである。その115条に、自殺幇助についての規定がある。それは、「利己的な動機から、人を自殺に誘導し、またはこれを助けたものは、その自殺が実行され、またそれが遂げなかった（未遂となった」場合、五年以下の自由刑または罰金を処する」というものである（訳文は、松田純『安楽死・尊厳死の現在―最終段階の医療と自己決定』中公新書による）。

利己的な動機

このなかにある利己的な動機ということばが大きな意味を持った。逆にいえば、利己的な動機にもとづかないものであれば、自殺幇助は許されると解釈できるからである。

スイスでも一時、オランダと同様に、安楽死の法制化を求める声が上がった。ところが、それがなかなか実現されなかったため、１９８０年代から医師や看護師が団体を作り、安楽死を求める人々のために自殺幇助を行うようになった。

一方では、スイス国内にも、こうした団体の活動に対して強く反対する人たちがいて、規制を求める動きも起こっている。ただ、それは実現していない。

その点でスイスでは、安楽死を求める人々に対する自殺幇助について、議論はあるものの、社会的に容認されていると見ることができる。

もちろんそこには条件があるわけで、それは次の通りである。

（1）耐えられない痛みがある。
（2）回復の見込みがない。
（3）明確な意思表示ができる。
（4）治療の代替手段がない。

これは、すでに見てきたように、オランダでも、そして日本でも安楽死の条件とされるものと共通する。

スイスには、安楽死を求める人々に対して自殺幇助を行う組織がいくつか誕生している。エグジット（EXIT）やディグニタス（Dignitas）などだが、ほかにもライフサークル、リバティー・ライフ協会（現在はLL EXIT）などがある。日本人の自殺幇助を行ったのはライフサークルである。

最初に設立されたのがエグジットで、1982年に「人間らしい死のための団体」として発足した。エグジットでは、安楽死を望む患者に対して同意書を書かせることにし、1

984年に最初の自殺幇助を行った。

スイスは連邦制をとっていて、4つの公用語がある。公用語はフランス語、ドイツ語、イタリア語、ロマンシュ語で、ロマンシュ語は一部の地域で使われている。

その結果、スイスには、フランス語圏、ドイツ語圏、イタリア語圏、ロマンシュ語圏が存在し、自殺幇助を行う団体も、それぞれの語圏で異なっている。エグジットはドイツ語圏の団体で、フランス語圏に含まれるジュネーブでは、エグジットと同じ1982年にエグジットA.D.M.Dが誕生した。

ちなみにエグジットの創始者のひとりであるベルン出身の教師、ヘドヴィック・ツルヒャーは、1999年に自身が自殺幇助で亡くなっている。

ディグニタスの方は、1998年にチューリヒの弁護士であるルートヴィヒ・A・ミネリによって結成された。ミネリは、エグジットの元メンバーで、ジャーナリストとしても活躍してきた。ディグニタスは、安楽死を望む外国人を受け入れることを主眼としている。

ミネリは、2008年に行われたインタビューで、結成してからの10年間で840人ほどの自殺幇助を行ってきたが、そのおよそ60パーセントがドイツ人だったと語っている

(“Wenn Sie das trinken, gibt es kein Zurück„ , Tagesspiegel.de Retrieved April 12, 2008)。

ディグニタスでは、登録した会員の数と、自殺幇助を行った数を２０１７年の分まで国別に発表している。一番多いのはドイツで、次いで英国、フランス、スイスとなっている。日本人の場合、登録者は２０１３年に２人だったのが、しだいに増え、２０１７年では25人になっている。実際に自殺幇助によって安楽死を遂げた日本人は、２０１５年に１人、翌２０１６年に２人だった。

ライフサークルの方は、２０１１年に誕生している。この組織を設立したのが、テレビで取り上げられた日本人に対する自殺幇助を実際に行ったエリカ・プライシック医師である。なお、ライフサークルを支える組織としてエターナル・スピリット財団も同時に設立された。

プライシック医師は、ライフサークルを設立するまで、６年にわたってディグニタスのスタッフとして活動していた。彼女自身、自分の父親をディグニタスの手によって安楽死させている。

父親は二度脳卒中になり、寝たきりの生活を送っていた。プライシック医師は、父親が自殺を図った現場を目撃し、それをきっかけにディグニタスに会員登録をした。その経緯について、プライシック医師は、『お父さん、あなたは死ぬことが許されているのよ』（〝Dad,you are allowed to die〟）という本に書いている。

スイスの場合に注目されるのは、安楽死を行おうという医師が存在し、プライシック医師のように、その実現のために積極的に活動していることである。

パラリンピックメダリストの安楽死

では、安楽死をする側は、どういった理由から自らの死を望むようになるのだろうか。具体的なケースで見てみたい。

最近の例としては、パラリンピックの陸上女子で四つのメダルを獲得してきたベルギーの選手が、２０１９年10月22日に安楽死を遂げていることがあげられる。ベルギーでは、隣国のオランダと同様に安楽死が認められている。

亡くなったのはマリーケ・フェルフールト氏で、亡くなったとき40歳だった。彼女は21歳のときに筋力が衰える進行性の脊髄の病気を発症し、半身不随になった。それ以来、車椅子陸上に取り組み、2012年のパラリンピック・ロンドン大会では金と銀を、2016年のリオデジャネイロ大会では銀と銅のメダルを獲得している。

しかし、病気は相当に深刻なものだった。イギリスのBBCは、その点について、「彼女の病は足に絶え間ない痛み、発作、麻痺を引き起こし、ほとんど寝ることができなかった」と伝えている。

2008年には、安楽死のための書類を用意し、苦痛に耐えられなくなったら安楽死を遂げると公表もしていた。

そして、リオデジャネイロ大会が開かれる前の時点で、彼女は大会が終われば安楽死をすると報道された。

ただし、メダルを獲得した後の会見では、「すぐにというのは間違い」だと報道を否定した。そして、「私はまだメダリストとして、生きることを楽しみたい。2020年には観客として日本に行きたい」とも言い、「こんにちは、どうもありがとう、右、左」という日本語も披露した。

しかし、からだの痛みは耐え難いものになっていたのだろう。彼女は安楽死を選んだ。

このケースの場合、安楽死の条件にはすべて該当する。他人は推測するしかないが、絶え間ない痛みがあるということは、かなりつらい状況だろう。痛みを抑える手段があれば、安楽死を選択はしなかったかもしれない。どうやら、そうした手段は存在しなかったようだ。

このケースでは、フェルフールト氏が安楽死を選択したことは十分に理解できる。

しかし、そうではない状況にある人間も、安楽死を望み、それを実行に移している。

2018年5月に、オーストラリアに住む104歳の現役の科学者が安楽死を遂げたというニュースが伝えられた。

104歳で現役の科学者というのは驚きである。デビッド・グドール氏は生態学者として研究を続けてきており、100歳で論文も発表していた。

グドール氏は、かなりの高齢とはいえ、不治の病にかかっていたわけではない。ただ、安楽死を選択する数ヶ月前に、独り住まいの自宅で背中から転倒し、清掃員に発見されるまで2日間身動きが取れなかった。

そのときは、病院に搬送されたのだが、彼を取材したアメリカのＡＢＣに対して、「理解してほしい。もう、104歳でいずれにしてもあまり長い時間は残されていない。健康状態がさらに悪化すれば、もっと不幸せになるだろう」と語っている。

同じくアメリカのCNNのインタビューに対しては、「フィールドワークが私の人生だった。だがもうフィールドへ出ることはできない」と語り、車椅子の生活になったことを悔いていた。

それは94歳になった10年前からのことで、「朝起きて、朝食を食べる。それから昼時までただ座っている。それから少し昼食を食べ、ただ座る。それが何の役に立つのか」というのである。

自殺も試みたが、それにも失敗した。オーストラリアの多くの州では安楽死が認められていないため、スイスに渡った。費用としては1万5千豪ドル、日本円で約120万円が必要だったが、資金はインターネットで募った。グドール氏は、最期、ベートーベンの「喜びの歌」を聞きながら旅立ったという。

グドール氏の場合、激しい痛みに苦しんでいたわけではない。

その点では、このケースは安楽死の要件を満たしてはいない。本人の意思は明白かもしれないが、ほかの条件はあてはまらないのだ。

それは、『安楽死を遂げるまで』を書いた宮下洋一氏が、はじめてプライシック医師に取材したときに遭遇したケースでも見られたことである。

宮下氏は、安楽死と自殺幇助について取材をはじめる際、最初に、エグジットとディグニタスに取材申請書を送った。ところが、どちらからも返事がなかったため、ライフサークルに連絡した。すると、すぐに返信があり、事前に『お父さん、あなたは死ぬことが許されているのよ』を読むことを条件に取材を許された。

宮下氏がスイスのバーゼルで最初にプライシック医師に会ったのは2016年1月21日のことだった。その際に、自殺幇助の現場に立ち会いたいと申し出ると、それはすぐに実現した。

それから一週間が経った1月28日、宮下氏は、バーゼル市内にあるアパートで、81歳のイギリス人の女性が自殺幇助によって亡くなる場面に立ち会うことになる。

そのイギリス人の女性は、10年前に夫を肺癌で亡くしていた。子どもはいない。本人が安楽死を考えるようになったのは、その2年前に肺炎で入院したときのことだった。心筋梗塞の疑いがあり、そのまま老人ホームに送られるところだった。

彼女はそれが嫌で、「老人ホームは、私の居場所ではありません。他人に体を洗われたり、食事を与えられたりするのは我慢できない」と語っていた。

そのときは、徹底的に拒絶したので、老人ホームに行くことはなかった。だが、次にそうした機会がめぐってくれば、必ずや自分が望まない老人ホームに送られることになる。前の年には癌も発見されていた。そこで彼女は自殺幇助を望み、ライフサークルを頼ってきたのである。

自殺幇助には、致死薬を点滴するという方法が使われる。点滴にはストッパーがついていて、自殺幇助を行う医師は、安楽死する人間のからだに点滴の針を刺し、ストッパーのロールを手首につけてやる。そのロールを開くのは、死を希望する本人である。その段階で、ロールを開くか開かないかを本人が選択できる。そこで自殺を思いとどまることもできるわけだ。

宮下氏は、イギリス人女性が自分の手でロールを開いた後のことについて次のように記している。

《プライシックは、老婦に向かって、「もう大丈夫よ、もう少しで楽になるわ」と呟いた。15、16、17秒……、そして20秒が経過した時、老婦の口が半開きになり、まくらに乗せられていた頭部が右側にコクリと垂れた。まるで、テレビの前でうたた寝を始めたかのようだった。》

これは、日本人女性が、同じプライシック医師を通して安楽死を遂げたときと同じである。

この女性の場合、癌にはかかっているかもしれないが、それは必ずしも不治ではないようで、耐え難い痛みを感じていたわけでもない。今が苦しいから安楽死を選んだのではなく、将来、自分が老人ホームに入れさせられ、他人の世話になることが嫌だから、その道を選んでいる。グドール氏と状況は異なるものの、安楽死の要件にかなっていない点と、他人の世話になりたくないと思っていたことでは共通する。

オランダやスイスで安楽死が認められるようになってから、大きな問題になっているのは、安楽死が認められる要件からはるかに逸脱したケースが増えているということである。

オランダとスイスで起訴された医師たち

オランダでは、2001年に安楽死が合法化された後、2016年4月に次のような事件が起こっている。

患者は認知症を患っている74歳の女性だった。彼女は、認知症がまだ軽い段階で、老人ホームに入居しなければならないほど症状が悪化したときには、安楽死を望むと事前指示書に記していた。

そこで、老人ホームで主治医となった女性の医師は、彼女の意思にしたがって女性のコーヒーに鎮静剤を混ぜて、それを飲ませ、安楽死させるための薬を注射しようとした。ところが、そのとき女性が目を覚まし、抵抗した。そこで医師は家族に彼女を押さえつけるよう依頼し、その上で注射を行い、彼女を安楽死させたのだった。

医師は、安楽死を行う際に、改めて女性の意思を確認していなかった。そこで、安楽死が正しく行われたかを審査する地域安楽死審査委員会は、この件を検察庁検事長会議に送り、捜査の結果、医師は2018年11月に起訴された。

しかし、ハーグ地方裁判所は、2019年9月11日、医師に対して無罪の判決を言い渡した。安楽死法が定める要件をすべて満たしているというのである。

認知症になることを恐れ、そのときには安楽死させてほしいと願う人はいる。しかし、認知症になった人間が常に正しく物事を判断できるかは怪しい。実際、この女性は暴れ出したのだから、その時点では安楽死を望まなくなっていたと見ることもできる。あるいは、ただ注射されるのが嫌だったのかもしれない。

私の母も、亡くなる前には認知症がかなり進んでおり、病院に入院しなければならなくなったときには、点滴が嫌で、それを外そうとしたため、手を拘束されたらしい。

スイスでも事件は起こっている。

2019年10月17日、ジュネーブの裁判所は、フランス語圏のエグジットの副支部長で医師のピエール・ベックに対して、健康な女性の自殺幇助を行ったとして有罪判決を下した。120日の執行猶予付き罰金刑だった。

事件が起こったのは2017年4月のことで、医師は致死量の鎮静催眠薬ペントバルビタールを当時86歳だった女性に処方した。催眠薬は女性本人が服用している。女性の夫はすでに亡くなっており、深い悲しみにあるというのが自殺の理由だった。

この女性は、深い悲しみに包まれていたとしても、病にかかっているわけではなかった。それでは安楽死の要件はまったく満たしていない。裁判所は、そうした実存的な理由での自殺幇助は認められていないと判断したのだった。

有罪とする上で決定的だったのは、この医師が、他の医師から助言を得ていないことだった。自殺幇助を行う際には第三者の医師に診断を求める必要があった。ところが、医師はそれを怠った。医師本人も、「エグジットの自殺幇助基準を少し上回る」行為だったことを認めていた。

実は、プライシック医師も裁判にかけられている。容疑は、２０１６年6月に行った自殺幇助に関するものである。対象となったのは精神障害に苦しむ60歳代の女性で、検察は、プライシック医師は精神科医の助言を得ないまま自殺幇助を実行したとして5年の懲役刑を求刑した。

その女性は、最初エグジットの方に自殺幇助を依頼した。ところが、エグジットは、彼女が精神科医の診察を拒否したということを理由に、自殺幇助を認めなかった。

そこでプライシック医師に依頼したわけだが、彼女は、女性がしっかりとした判断力があると考えた。別の医師も、それに同意したが、その医師は精神科医ではなかった。

自殺幇助で亡くなった女性を死後に調べた大学の精神科医は、女性は重度の鬱病と身体障害に苦しんでおり、自殺幇助を求めたのは精神病の結果で、合理的な判断にはもとづいていないという報告を行った。これで、検察はプライシック医師を起訴した。

裁判所は、この件についてはプライシック医師を無罪としたが、自殺幇助に用いる薬を適切に管理していなかったとして、執行猶予付きの15ヶ月の禁固刑と罰金2万フラン（当時のレートで約200万円）を科した。さらに裁判所は、プライシックに、今後4年間、精神的な疾患を抱える患者に対する自殺幇助を禁止した。

その後、2021年の控訴審では、薬の管理にはやはり問題があったとし、有罪判決が支持されたものの、執行猶予付きの懲役刑は破棄され、罰金も減額された。そして、精神的な疾患を抱える患者に対する自殺幇助の禁止も解除された。

家族のあり方が違う

こうした自殺幇助に対して、それは死をビジネスとするものだという批判がある。安楽死が合法化されていない国の人間がスイスに来て、自殺幇助によって安楽死を遂げていくことについても、「自殺ツーリズム」ではないかという声もあがっている。だが、スイスでは、自殺幇助を禁止する方向には向かっていない。

しかも、自殺幇助の対象となる人間の範囲は拡大されており、安楽死の要件をはるかに逸脱してきたようにも見える。それは、自殺を望む人間に、その機会を与えているだけであるようにも見える。ではなぜ、その方向に進んできたのだろうか。一つは、自殺に対する宗教的な禁忌の存在である。

オランダにおける安楽死について取材した三井美奈は、『安楽死のできる国』（新潮新書）のなかで、キリスト教には自殺を神に対する罪悪とする考え方があるとする。

中世のヨーロッパでは、罪ということが強調されたが、自殺者は教会で葬儀ができないばかりか、遺体は街中を引きずり回され、頭を割られ、財産は没収された。そうした伝統は19世紀まで生きていたという。「生命は共同体に帰属し、個人が勝手に処分できないものだった」のである。

こうした宗教的な禁忌への反発があり、そうしたなかから、「自分の意思を死の瞬間まで貫いて生きる」ことをめざし、安楽死の合法化が進められてきたというのである。

たしかに、その面はあるだろう。安楽死が合法化されているのは、オランダをはじめとするベネルクス三国、カナダ、アメリカ、オーストラリアの一部の州であり、プロテスタントが多い国や地域が大半を占める。逆に、カトリックが多いフランスやイタリアでは認められていない。

スイスで自殺幇助による安楽死を遂げる外国人としてはドイツ人がもっとも多いのだが、ドイツはプロテスタントとカトリックが拮抗している国である。ただし、ナチスのことがあり、安楽死が認められるような状況にはない。それでも、ドイツ国民のなかには、それを望む人間たちが少なくないのである。

日本にも、キリスト教は明治以降、カトリックもプロテスタント、さらには正教会も入ってきて、宣教活動を行った。信者の数はさほど増えなかったものの、教育や医療の分野ではその影響は大きい。しかし、自殺を禁じるような考え方も、逆に、死を自ら選択することの自由を確立しようとする方向にも向かっていかなかった。実際、日本の自殺率はかなり高い。

あるいは、自殺に対する禁忌がないということが、日本で安楽死を合法化させようとする方向にむかわない一つの理由かもしれない。だが、それ以上に重要なことは、家族のあり方の違いというところにあるのではないだろうか。

宮下氏が立ち会ったイギリス人女性は、老人ホームに入ることを忌み嫌い、それが自殺幇助を望んだ大きな動機になっている。年老いても、他人に助けてもらいたいとは思わない。それが嫌で仕方がない。安楽死を望む人々が次々とあらわれ、安楽死が合法化された背景には、そうしたことが関わっているのではないだろうか。

オランダの元最高裁判事、ハイブ・ドリオン氏は、1991年に、「高齢者が自殺薬を保持する権利」を求める論文を寄稿した。それ以来、そうした薬は「ドリオンの薬」と呼ばれるようになったという。

三井氏は、ドリオン氏に2000年にインタビューを行っているが、氏はそのとき、「人間として、尊厳を持って死にたい。他人に依存して生き存《ながら》えるより、致死薬をもって自分で生命を終わらせたい」と語ったという。ドリオン氏は、尊厳と他人に依存することを対比させている。他人に依存することは、個人の尊厳を損なうことになるというのである。

どうしてそういう考え方が生まれてくるのか。京都大学名誉教授で産婦人科医である星野一正氏は、「オランダで、安楽死の容認はなぜ可能なのか」（『時の法令』1650号、2001年9月30日発行）という論文で、そうした考え方とオランダの国民性との関連について述べている。オランダでは、18歳で成人となるのだが、「成人となった息子や娘は、親の家から独立して個人として、自己決定権を行使して自由に生活をするのが、当たり前」とされている。そして、「成人した子供は、親の家を出るので、年老いた親と同居して世話をする習慣がない」というのである。

では、年老いた親は、自分の世話ができなくなったときどうするのか。その際には、「買い取りマンション」「ワンルーム・マンション」「レストハウス」「ナーシングホーム」など、ケア付きの住宅が集まった一戸建てのビルなどに移ることになり、最期は定められたホームドクターが看取ってくれる。生活面の他のケアもあり、その結果、オランダでは自宅で亡くなる人間が多い。ただ、働いている間は、「驚くほど高率の所得税などを」収めなければならないのである。

老いても、子どもに介護されることはない。介護してくれるのは他人だが、それを望まない人たちがいる。彼らは、自立して生きることを第一に考えていて、他人に依存することをよしとしない。そこで、自立した生活ができなくなると、安楽死を望むのである。

日本でも、介護保険が導入され、高齢者のケアは進んでいる。しかし、オランダほどには進んでいない。福祉国家の典型とされる北欧などでも事情はオランダと同じだろう。

日本では逆に、家族が、介護の中心となり、介護される高齢者も、それを受け入れ、望む。介護されるようになったからといって、自分の自立が脅《おびや》かされ、人間としての尊厳が失われたとは考えない。

日本で安楽死の合法化に向けて動いていかないのも、こうしたことが関係している。個人としてのあり方が、合法化されている国とは根本的に異なるのだ。

そしてこのことは、在宅死、あるいは在宅ひとり死や孤独死の問題とかかわっていくのである。

第6章

在宅ひとり死は可能なのか

年々、増え続ける生涯単身者

現代の社会は変化が多く、またそのスピードもかなり激しくなっている。とくに日本の社会の変わりようは相当なもので、それは、人間生活の根本にかかわる生きること、そして死ぬことにまで多大な影響を与えている。

日本の歴史区分のなかで、旧石器時代に次ぐのが縄文時代である。縄文時代は紀元前1万4000年ごろから前10世紀まで続いたとされる。時期によって、文化の内容には違いがあるものの、狩猟採集の生活がずっと続いており、1万3000年に及ぶその時代に、激しく、また大きな変化があったとは思えない。

それに比較したとき、日本が近代社会になってからの変化は著しく、とくに戦後の変化は劇的である。戦後の日本社会は、高度経済成長を遂げ、経済大国への道を歩み、1980年代後半から1990年代初頭にバブル経済を世界に先駆けて経験した。

戦争が終わった1945年と今とを比較してみるならば、あまりの違いに驚かされる。たとえば、戦後すぐの時代に制作された映画を、今の若者たちが見たら、いったいこれはどこの国の姿なのだろうかと目を疑うに違いない。

最近では「生涯未婚率」が上昇したことがしばしば指摘されている。これは45〜49歳と50〜54歳の時点における未婚率の平均値から、50歳の時点での未婚率を算出したものになるが、2015年の確定値では、男性で23・4パーセント、女性で14・1パーセントである。

この数字だけを見ても、相当に高いという印象を受けるが、1950年の時点と比較するならば、驚きは大きくなる。

1950年では、男性は1・5パーセント、女性は1・4パーセントだった。つまり、男性なら98・5パーセントが、女性だと98・6パーセントが、50歳になるまでの間に一度は結婚していたのである。

今では想像もできない数字だが、生涯未婚率が上昇するのは平成の時代に入ってからで、昭和の時代にはまだ男女とも5パーセント以下だった。

生涯にわたって結婚しないということは、新たに家庭をもうけないということで、多くは子どもを作ることもないだろう。実家で暮らし続けるということもあるが、ひとり暮らしも多くなる。

2021年1月1日の時点で、全国には5949万7356世帯あり、一世帯あたりの平均構成人数は2・13人である。

世帯数が多くなっているのは単身世帯が増えたからで、2015年には全体に占める割合は34・5パーセントだった。これは、2040年には39・3パーセントにまで増えると予測されている（「日本の世帯数の将来推計（2018年推計）」国立社会保障・人口問題研究所）。

現状の定義では65歳以上が高齢者となっているが、ひとり暮らしの高齢者の数も増えている。2015年の時点で、男性約192万人、女性約400万人で、高齢者世帯に占める割合は男性の場合には13・3パーセント、女性は21・1パーセントだった。

ただ、欧米諸国と比べると、この数字は決して高くはない。

2020年に行われた内閣府による「第9回高齢者の生活と意識に関する国際比較調査」では、その点について日本の状況をアメリカ、ドイツ、スウェーデンと比較している。男女あわせたものだが、60歳以上の世帯に占める単身世帯の割合は、日本で13・3パーセント、アメリカで35・9パーセント、ドイツで40・7パーセント、スウェーデンで30・

0パーセントである。日本と欧米ではかなりの開きがある。

そもそも、夫婦二人世帯の割合に違いがある。日本では38・9パーセントだが、アメリカで43・7パーセント、ドイツで48・2パーセント、スウェーデンで63・7パーセントにもなる。

単身世帯が、ずっと単身だったのか、それとも夫婦二人世帯で片方が亡くなって単身世帯になったのかどうかは分からないが、夫婦二人世帯が多ければ、子どもなどと同居していないわけで、単身世帯の割合を増やすことにつながる。前の章で、オランダでは、高齢者でも子どもと同居しないことにふれたが、まだまだ日本では、子どもと同居する高齢者が多いことになる。

ただ、1980年の時点では、65歳以上のひとり暮らし高齢者の数は、男性で約19万人、女性で約69万人であった。高齢者人口に占める割合は男性で4・3パーセント、女性で11・2パーセントだった。現在とはかなり状況が違う。

私も離婚を経験しており、40代はひとり暮らしをしていた。大病をしたのは、その時代のことだった。そのときは、なんとかひとりで病院に行くことができたが、さらに重篤になっていれば、事態はより深刻なものになっていた可能性がある。

健康を維持する上で、家族の存在は大きい。すでに述べたが、私は、母の具合が悪くなった頃、顔面神経麻痺にかかった。自分がなってみて分かったのは、これにかかった人間が実に多いということである。一番近いところでは、義弟の妻がその経験をしている。

朝、何かがおかしいと感じたが、はっきりとそれを指摘してくれたのは、再婚後養子にした大学生の娘だった。妻も、いったいそれは何かを調べてくれた。

もし、私がひとりで暮らしていたら、しばらく様子を見ようとしたかもしれない。幸い、家族にも言われたので、すぐに医者にかかり、麻痺に効果があるとされる鍼治療を受けたことで、比較的短い間に回復することができた。オンラインで行っている大学の授業は、一度、ネット上で講義する部分を省いたが、次からは講義が可能だった。

ひとり暮らしで病気になれば、それに対処するのはいろいろと難しくなる。大きな病気であれば、仕事にも差し障りが生じ、そのことを連絡する必要も出てくる。そんなときには本人が連絡することは難しい。

私が大病で入院したときには、病院の方から別に暮らしている家族に連絡が行き、それでかけつけてくれたので、ある程度指示はできた。だが、すぐに心拍数を抑えるため鎮静による治療に入り、10日間にわたって意識がない状態におかれた。それでは、仕事上の連絡などすることは不可能だし、家族に頼むこともできない。

その際には、家族に相当世話になり、ありがたいと思ったが、なかにはそうした家族もいない人たちもいることだろう。

まだ、家族と同居している高齢者が少なくないことを考えると、ひとり暮らしの高齢者は同居できる家族がいないか、そうした家族と疎遠になっている可能性が考えられる。

しかも、これまで述べてきたように、高齢者になってからの老後の期間は相当に長い。その間、健康にひとり暮らしを続けるのは容易ではない。最期をどのように迎えればいいのか。それも大きな問題になってくる。

内閣府が2012年に行った「高齢者の健康に関する意識調査」では、最期を迎えたい場所について、54・6パーセントが自宅をあげていた。病院などの医療施設が27・7パーセント、特別養護老人ホームなどの福祉施設が4・5パーセント、高齢者向けのケア付き住宅が4・1パーセントだった。

「死に場所」の理想と現実

では、現実はどうなのだろうか。

2019年の厚生労働省「人口動態統計」では、診療所病院死が72・9パーセント、自宅死が13・6パーセントで、施設死が11・6パーセントだった。

希望と現実との間にはかなりの開きがある。

ただ、現実の方に少しずつ変化が生じている。すでにふれたことだが、診療所病院死は、2005年に82・4パーセントでそれがピークだった。自宅で亡くなる割合も2005年が12・2パーセントでもっとも少なかった。2016年で13パーセントだから、大きく増えたとはいえない。増えたのは施設死で、2005年にはまだ2・8パーセントだった。

昔、高齢者が老後を過ごす施設は「養老院」と呼ばれた。それが、戦後、法律上は「養老施設」に改称されるが、このことばはほとんど使われなかった。1963年に制定された老人福祉法では、さらに「老人ホーム」に改称された。このことばは、広く使われてきた。

最近では、介護施設ということばも使われるようになったが、そのなかには老人ホームだけではなく、デイケアや訪問介護などを行う施設も含まれる。そこには、２０００年から施行された介護保険法が影響している。

老人ホームに入るというとき、本人が自らの意思でそれを選ぶということはある。老後の資金に余裕があり、生活に便利で、しかもケアがあるということで、ホームでの生活をはじめるのだ。

しかし、一方では、介護を必要とする人間について、家族が施設に入居させるというときもある。介護保険が生まれることで、介護が必要な人間はさまざまなケアを受けられるようになったが、それでも家族の負担は大きい。家族には生活があり、介護にすべてをかけるわけにもいかない。

それは父方の祖母を看取ったときのことだった。祖母は89歳で、それまでは元気だったが、当時9月15日だった敬老の日に脳溢血で倒れ、病院に入院することになった。

私の実家は大阪にあり、入院したのも大阪の病院だった。私は大学生だったが、東大には秋休みがあり、ちょうどその期間に当たったので、私も帰省し、祖母の看護を手伝った。

祖母は、倒れたときから覚悟を決めていて、「死にたい」ともらしていた。食事を受けつけず、それで死期を早めたところがあった。

亡くなったのは10月11日のことだった。入院期間は一ヶ月近くに及んだわけで、亡くなる頃には、他の家族に疲れが見えるようになっていた。それから推測するに、看護や介護の期間が長期に及べば、家族は消耗する。施設に入居させるという選択は致し方のないものといえる。

だが、いったん施設に入ってしまえば、そこからふたたび自宅に戻ることは多くはない。施設で亡くなる場合がほとんどだろう。その間、家族は見舞いに行くが、それ以外の人間が見舞いに行くことはない。そこが、病院に入院したときとの違いである。

そして、施設に入居させることは、「施設に送る」といわれる。この送るということばからは、あの世に送るということを連想する。

施設に送ることは、死の準備段階のようなものであり、本人はそれによって一歩死の世界に近づくのだ。

これも、超長寿社会のなせるわざである。「はじめに」で、最近になって死が重いものではなくなったことにふれた。

それも、こうしたことがかかわっているように思われる。死は必ずしも一瞬の出来事ではなくなった。現代における高齢者の死は徐々に進行していくもので、家族以外には知る者もないまま亡くなっていくことが多い。いったん、死への道に進んだら、そこから後戻りはできない。「施設に送る」ということは、そのなかの重要な一歩である。だからこそ、家族は迷い、決断に時間がかかるのだ。

また、その点では、最期をそうした施設で迎えたくないと考える人もいるだろう。できれば自分の家で死にたい。実際、すでに見たように、半数以上が最期は自宅で迎えたいという希望を抱いている。

「在宅ひとり死」にさほど意味はない

そうしたことも反映したのか、国は2012〜2013年頃から在宅医療・介護を推進し始めた。徐々にではあるが、病院で死を迎えるのではなく、自宅で死を迎えようという動きも起こっている。病院の側も、そのような方向に持っていこうとしている。

私の父が亡くなったのは2006年のことで、亡くなったのは病院だった。死が近づいていると思われる時点で、自宅に戻そうという話は持ち上がらなかったように記憶している。私たち家族の側にも、自宅で父を看取るというイメージがわかなかった。

それに対して、母は2021年に自宅で亡くなった。余命いくばくもないと診断されてから、具合が悪くなって入院したこともあったが、死を迎えるのは自宅でという方向が最初から決まっていたように思う。母自身、入院するとひどく不安定な状態になり、長期間入院できるような状態でもなかった。

そのとき思ったことは、自宅で死を迎える上で、介護保険が極めて重要だということだった。

父が亡くなるときにも、すでに介護保険の制度は存在したわけだが、それを基盤に自宅で看取る体制はまだ確立されていなかった。訪問介護や看護ということが一般化してはいなかったのだ。

母の場合、かなり前からデイケアの世話になっていた。入浴はデイケアの際に行っていた。

最後の看取りも、その延長線上にあることで、自分でトイレに行くことが難しくなった段階では、訪問介護の世話になっていた。

女性であり、それほど大きな人ではなかったとはいえ、母のおむつを交換することはかなり大変な作業である。それを訪問介護の男性が毎日やってくれたのだ。亡くなる直前のことになるが、自宅に装置を持ち込み、母を風呂に入れてくれたこともあった。

医師や看護師も来てくれたし、もしものことが起こったら、そうした医療従事者が助けてくれる体制ができあがっていた。

私は、母を看取る過程のなかで、介護保険制度の存在がいかに大きいかを実感した。それは、父のときにはなかったものである。

介護保険の重要性は、社会学者の上野千鶴子氏も『在宅ひとり死のススメ』（文春新書）で強調している。

第8章「介護保険が危ない！」の章は、「『お家でひとりで死ねますか？』――この問いこそが、本書で追究してきた問いでした」ではじまる。

上野氏は、それについて「答えは出ました。はい、できます」と述べている。「家族がいてもできますが、いなくてもできます。独居でもハードルは越えられます。ガンなら楽勝。認知症でもＯＫです」と述べた上で、「それもこれも、介護保険あってこそ」とその重要性に言及していた。

介護保険が登場する前には、自宅で看取ることも難しかったし、本のタイトルである在宅ひとり死など想像もできないことだった。

上野氏と対談したこともある、「在宅医療ネットワーク」を主催する医師の小笠原文雄氏には、『なんとめでたいご臨終』（小学館）という本がある。そのなかには、ひとりで住んでいる80代の認知症の男性が、亡くなるまで３ヶ月の間に、いったいいくらの費用を支払ったのかが掲載されている。

それによると、１月分が42万４０００円で、２月分が43万１０８０円、３月分が52万４２５０円で、合計で１３７万９３３０円だった。

ただし、医療保険と介護保険が適用される部分が大きく、実質の自己負担は、７万５７００円、８万１１８０円、５万１１７８円で、総計で20万８０５８円だった。

後期高齢者の医療負担や介護保険は原則１割負担なので、それが効果を発揮している。

たしかに、費用面で考えれば、在宅ひとり死は十分に可能であるということになる。

医療保険は戦前からあるが、範囲が限られていた。国民健康保険制度が整備され、「国民皆保険」が達成されたのは1961年のことだった。

こうした医療にまつわる制度の確立がいかに重要か、私は大病したときに実感した。なにしろ私は鎮静の状態におかれたわけで、集中治療室に入っていた。さまざまな医療行為を受けていたわけで、費用はかなりかかった。10月のなかばに入院したが、その月の費用は、保険が適用されても、100万円を超えていた。11月の末に退院することになるが、その月も同じくらいの費用がかかったように思う。総計で200万円である。

その際に知ったのが、高額療養費制度の存在だった。これは、年齢や年収によって異なってくるのだが、一ヶ月の上限の額が決まっていて、それを超えた部分については支払った金が返ってくるというものである。一般的な収入だと手術・入院で100万円かかったとしても9万円程度ですんでしまう。それより低ければ、支払いはさらに減る。

私の場合も詳しいことは覚えていないが、ほとんどの額が返ってきたように思う。というのも、その時期は仕事がない時代で、私の年収はかなり低かったからである。

もしこの制度がなかったとしたら、私は相当に困った状態に追い込まれていたことだろう。なにしろ、オウム真理教の事件に関連してバッシングを受け、大学を辞めざるを得なくなった後、9年間にわたってほとんど仕事がない状況が続いていたからである。

費用ということで考えるならば、自宅でひとりで死ぬのは十分に可能である。ある程度の額がかかったとしても、亡くなってしまえば、その後には金など不要になる。貯えをすべて費やしたとしても、何の問題もない。

しかし、自宅で死ぬためには、介護や看護を受けるにしても、亡くなる直前まで元気な状態にあることが必要になる。

自分で買い物をすることができ、食事も自分で作ることができなければならない。

私の母の場合、ずっと妹夫婦と同居しており、その世話になることができた。だからこそ自宅で亡くなることができたわけだが、もし母がひとりで住んでいたとしたら、状況はかなり違ったものになっていたであろう。母が在宅ひとり死を遂げられたとは思えない。

上野氏の著書のなかに、最期、亡くなる人間は周囲に人がいることが分かっているのかどうか、手を握られていたら分かるのかどうかという話が出てくる。

上野氏が、ある医師に尋ねたところ、「いやあ、そんなこと分かりませんよ。死ぬ時には脳内麻薬といわれるエンドルフィンが出て多幸状態になりますから、傍に誰がいたって関係ありません」という答えが返ってきた。

また別の医師は、「誰が手を握っているかなんて、分からないでしょう」と答えたという。そこで上野氏が「先生、死んだことがないのに、どうしてわかるんですか」と尋ねたところ、「死に方を見ていたら分かります」と言われたという。

これは、父や母を看取った体験から納得できるところである。最期に訪れる下顎呼吸は、酸素を十分に取り込めなくなったことで、顎と喉の筋肉を使い、それでなんとか酸素を取り込もうとするために起こることである。死に逝く者の肉体面での最期のあがきということにもなるが、そのとき、周囲のことが分かっているようにはまったく思えない。

したがって、亡くなる者は、自分がどこで亡くなろうとしているのか、それが自宅なのか、病院なのか、それとも施設なのかを区別できていない。自宅で亡くなりたいと希望していた人たちも、その希望がかなったのかどうか、分からないままあの世へ旅立っていくことになる。

その点では、本人が在宅での死にこだわる必要もないということにもなってくる。おそらく、大きいのは家族の方にとってだろう。自宅で看取った方が、故人に対して十分なことができたという感覚が強くなる。しかも、そのまま自宅で遺体を安置することになるので、時間をかけて最期の別れをすることもできる。

その点では、在宅死には意味があっても、在宅ひとり死にはさほど意味はないともいえる。あるいはそれは本人の最期の意地なのかもしれない。自分はしっかりと最期まで生きることができた。在宅ひとり死は、その証明なのかもしれないのである。

年間死亡者のうち突然死の割合は約11パーセント

ただ、ここでもう一つ考えておかなければならないことがある。

私の両親の場合には、自然死の典型ともいうべきものであった。母の場合、医師からそれほど持たないと言われてから亡くなるまで、一ヶ月と少しかかっている。父の場合も、状況は同じだったのではないかと思うが、いよいよと言われてから死ぬまでどれほどの時間がかかったかは覚えていない。

これに対して、突然死というものが存在している。突然死は、発症から24時間以内に急性死することととらえられる。

ただ、突然死については統一した定義が存在しないので、統計の面で、年間どのくらいのケースがあるのかはっきりとは分からない。

ある調査では、年間10万人あたり114人という数が出ている。別の調査では145人である。

この数字を見ると、さほど多いようには見えない。年間の突然死の数はおよそ12万人と推定される（田辺直仁他「疫学からみた我が国の突然死の実態」『第22回日本心電学会学術集会 学術諮問委員会指定トピックス』2006年）。

2006年における年間の死亡者の数は、約109万2000人だった。となると、全体の11パーセントが突然死だったことになる。急に亡くなってしまう人は少なくないのだ。

人が突然亡くなる事例として印象に残っているのは、野村克也元監督の夫人、野村沙知代氏の場合である。

2017年12月7日、二人は東京都内のホテルに出かけ、夕食をともにした。その時点では、夫人は元気だったわけである。

ところが、翌日、野村氏がいつものように午後一時頃に目覚め、朝食兼昼食をとった後、テレビを見ていたところ、お手伝いさんに、「奥様の様子がおかしいんです」と言われた。行ってみると、夫人はテーブルに突っ伏し、食事にもほとんど手をつけていなかった。

野村氏が、背中をさすりながら、「大丈夫か」と声を掛けると、いつものような強気な口調で「大丈夫よ」という返事が来た。

ところが、それが最期のことばで、救急車で病院に到着したときには、すでに息をしていなかった。救急隊員が心臓マッサージを施したが、効果はなかった（「野村克也さんがいま明かす『沙知代さんが亡くなった瞬間のこと』――『ありがとう』と言えなかった男の悔恨」『現代ビジネス』2019年4月28日）。

人はこのように急に死ぬこともある。このケースを突然死とするかどうかは定義にもよるが、もし夫人がひとりで暮らしていたら、突然死と見なされただろう。その割合は死亡者全体の1割以上にあたるのだ。

ひとりで生活しているという人は、元気だから生活が成り立つのである。そのときには、死が近づいているという感覚を、本人も抱くことはない。

けれども、突然死に襲われる可能性はある。

そうなると、そこには亡くなっても発見されない「孤独死」という事態が待ち受けているのである。

第7章

孤独死は避けられるのか

孤独死する男性は女性の約5倍

孤独死を恐れている人は少なくない。

孤独死とは、ひとり暮らしをしている人間が、誰にも看取られないまま亡くなることを言う。同居者がいないので、すぐに発見されることはなく、その後、そのまま放置される。それが孤独死である。

ひとり暮らしの単身世帯が増えていることについては前の章でふれた。単身世帯が増えれば、それにつれて孤独死が増えるのは当然ともいえる。

孤独死のことが世間で注目を集めるようになるのは21世紀になってからのことだが、最初、孤独死ではなく、「無縁死」ということばが使われることが多かった。

そこには、2010年1月に放送されたNHKスペシャル「無縁社会―〝無縁死〟3万2千人の衝撃」というテレビ番組の影響があった。

この番組のなかでは、無縁死した人が葬られる印象的な場面が放送された。

ひとりで亡くなったある男性には家族はいるのだが、すでに疎遠になっており、家族は葬式を出すことを拒んだ。そこで、自治体が葬儀社に依頼して遺体を荼毘《だび》に付したのだが、付き添ったのは葬儀社の男性二人だけだった。

これは、火葬場に直行する「直葬」ということになるが、当時は、この光景を哀れだと感じる人たちは少なくなかった。直葬ということばも、一般化はしていなかった。ひとり暮らしをしている若者たちのなかにも、このまま結婚して家庭を持たなければ、自分もそうした運命をたどるのではないかという恐れを生んだともいわれた。

無縁ということばは、もともとは仏教用語である。無縁を含んだことばとしては、「無縁墓」や「無縁仏」などがある。

仏教の世界観においては、「縁」ということが重視される。ここで言う縁はたんに人間関係をさすだけのものではない。物事が起こったり、その物が生じる原因や条件のこともさしている。それに関連して、「縁起」や「因縁」という、やはり仏教用語もある。

仏教の基本的な教えとしては、「十二縁起」が重視されてきた。これは、生きることや老いること、そして死ぬことにまつわる苦がいかにして生じてくるのかを解き明かしたものなので、同時に、その苦から逃れるための方法が示されている。

仏教では、人が救われる上において縁が不可欠であると考えられてきた。「縁なき衆生《しゅじょう》は度し難し」ということばがあるが、それは、仏縁のない者はすべてに慈悲を垂れる仏でも救うことが難しいという意味である。

そして、日常の暮らしのなかでは、無縁ということばは死後のあり方と結びつけて考えられてきた。

無縁仏といえば、それは弔ってくれる縁者を持たない死者のことをさす。

無縁墓といえば、その墓を守ってくれる縁者が失われてしまった墓のことを意味する。

無縁仏となってしまった場合には、十分な供養を受けることができないので、そのことを恨みに思い、生きている者に祟《たた》るとさえ考えられてきた。

最初は、無縁死ということばがクローズアップされたわけだが、しだいにそれは使われなくなり、最近では孤独死が一般化している。「孤立死」や「独居死」などということばもあり、公的な場面で使われることもあるが、一般にはほとんど用いられない。

では、孤独死はどの程度の数にのぼっているのだろうか。NHKの番組では、年間の孤独死が3万2千人に及んでいるとされたわけだが、公的機関がそれを集計しているわけではない。国が孤独死の明確な定義をしていないこともあり、それぞれの自治体は孤独死の数を集計していないのだ。

ただ、一般社団法人日本少額短期保険協会の孤独死対策委員会が定期的に出している「孤独死現状レポート」というものがある。少額短期保険とは、文字通りに少額で短期の保険契約のことで、それを引き受ける保険会社は、賃貸住宅の家主のための保険を扱っている。孤独死が発生したとき、原状回復の費用や空室になってしまったときの家賃を保障するのである。

2021年7月19日に出た第6回のレポートでは、2015年4月から2021年3月までの孤独死のデータが公表されている。

このデータは、孤独死特約付きの家財保険に加入している被保険者を対象としたものであり、どの程度の割合で加入しているかは不明だが、いろいろと興味深い事実が明らかになってくる。

孤独死した全体の人数は5543人で、そのうち男性が4614人と多い。女性は929人である。ざっと女性の5倍弱だ。

死亡時の平均年齢は61・6歳で、男女差はほとんどない。60歳未満を現役世代と考えると、その割合は40・0パーセントである。孤独死は、決して高齢者だけの問題ではない。現役世代の孤独死がかなり多いのである。

死因としては病死がもっとも多く3518人である。次に多いのが自殺で579人である。事故死が73人で、不明が1193人である。

発見されるまでの日数は、平均で17日であり、そこに男女差はない。

女性の約半分は3日以内に発見されているが、男性は38・4パーセントしかない。他者とのつながりという点で、男女に差があるものと考えられる。女性の方が近所との付き合いがあるということだろう。

第1発見者は、職業上の関係者（管理人、福祉関係、警察）が48・9パーセントで、家族や友人などの近親者は39・0パーセントである。

発見の原因となったものとしては、音信不通による訪問が全体の5割強で、異臭・居室の異常が約4分の1である。ほかには家賃滞納や郵便物の滞留が、どちらも10パーセント弱である。

月別の数も公表されており、とくに7月と8月が多く、全体の2割を占めている。通常、人が多く亡くなる時期としては寒い冬があげられるが、孤独死はこれとは正反対である。なぜそうなのか。レポートではその理由については何も述べられていない。

どのように孤独死が発見されたかについて、具体例もあげられている。それは次のようなものである。

「家族が連絡が取れないため訪問したところ、自殺した形跡があった。（100歳超　女性／死亡から発見まで6日）」

「定期清掃会社より、当該戸室の水が流れっぱなしになっているとの連絡があり。管理会社より入居者に連絡するもつながらず訪問し通報。（60代　男性／死亡から発見まで31日）」

「家賃未納、食事もあまりしていない様子であったため、半年くらい前から大家が定期的に訪問。生活保護申請をするよう市の職員と大家が訪問したところ死亡発見。（50代　男性／死亡から発見まで1日）」

孤独死を防ぐことは不可能に近い

前章で、発症して24時間以内に亡くなってしまう突然死がかなりの数にのぼることについてふれた。突然死の原因としては、心筋梗塞や脳溢血などの心臓疾患や脳疾患があげられる。アルコール依存症や糖尿病、認知症、肝硬変といった慢性疾患でも、突如意識不明に陥り、そのまま亡くなってしまうことがある。

孤独死は、こうした突然死によるものが多いと考えられる。

人とのつながりがあれば、どこかの段階で周囲の誰かに病気であることを訴えることもできる。訪問介護や看護を受けているというのであれば、ひとりでいる間に亡くなっても、間もなく発見される。

突然死は高齢者にも起こるが、若い世代でも起こる。働き盛りの人間の場合、訪問介護や看護の対象になっていることはほとんどない。また、郵便物や新聞が滞留していたとしても、近隣の人たちは、仕事で出張したか、旅行にでも出かけたのだろうと考える。そもそも、そうした人たちが突然死するとは考えていないので、それを疑ったりはしないのだ。

おそらく、若い世代ほど、孤独死をしても、発見されるまでの期間は長くなるであろう。その点で、孤独死を高齢者の問題としてとらえるのは正しくない。むしろ働き盛りの人間に起こることとして理解した方がいい。

現在では、孤独死を防ぐための見守りのサービスが行われるようになっている。しかし、そうしたサービスの主たるターゲットは高齢者になっている。LINEを使った簡便なものも開発されているが、ひとり暮らしをしている人間が高齢者以外にも皆、そうしたものを利用するとは思えない。

あらゆる単身世帯を見守る体制を作り上げたとしたら、それは孤独死の防止に役立つかもしれない。だがそれは、高度な管理社会が出現したことを意味する。ジョージ・オーウエルの近未来小説「1984」には、テレスクリーンという監視装置が登場し、それはそれぞれの家に設置されている。それと同じ状況が出現するわけだ。

その点で、孤独死を防ぐことは相当に難しい。不可能であるともいえる。単身世帯が増えていっている現状では、抜本的な対策を立てることは困難である。

孤独死を恐れる人たちが少なくないわけだが、それが本当はどういうものであるのか、それが理解されていない面がある。そのため、イメージが先行している感がある。

たしかに、孤独死して、何日も発見されないとしたら、死んだ人間が生活していた部屋は相当に悲惨な状況におかれることになる。なにしろ、発見されるまでの平均は17日であり、その間に遺体は腐敗が進み、異様な臭気を放っているはずである。そうした状況のなかにおかれている自分を想像すれば、たしかにそれは恐ろしくなる。誰もが、そんな境遇にはなりたくないと考える。

ただ、病で倒れ、何日も苦しみ続けていたというわけではない。突然死なら、一瞬の出来事で、あっけなく死んでいく。むしろ時間をかけて自然に亡くなるより、苦しんでいる期間は短くて済む。

孤独死を過度に恐れる必要はない

癌などで亡くなっていくというときには、痛みを伴うことが少なくない。だからこそ、回復が難しいと判断されれば、治療は中止され、痛みを和らげるための終末期ケアが施される。ところが、突然死なら、そうした痛みを長く感じ続けることはない。

少なくとも、倒れた自分を誰かが発見してくれないものかと、部屋の中でひとり苦しみ続けるわけではない。

しかし、亡くなった人間は意識がなくなってしまうわけで、自分がどうなっているのか、部屋がどうなっているのかを認識することなどできない。どうなっても、それで苦しむことはない。苦しむ主体となる自己が、すでに失われてしまっているからである。

孤独死してしまえば、家主には迷惑をかけることになる。あるいは、発見者に衝撃を与えることになる。それは、本人としては申し訳がないことに感じられるかもしれないが、そう思うのは生きている間だけのことで、死んでしまえば、そうした事実さえ認識することができない。要は、死んだ本人にはいっさい関係のないことになってしまうのだ。

その点では、孤独死を恐れる必要はない。孤独死を恐れるのは、その人間の想像力の働きによるものである。

最近では、「終活」が流行っている。自分が死んだ後のことについて、生きている間に決めておこうというものである。

そのなかには、財産をどうするのか、相続はどうするのかという金の問題も含まれている。相続人となる子どもになるべく多くのものを残したい。相続税として国に取られてしまうのであれば、何のために懸命に働き、財産を残してきたかが分からない。そこで、相続税をなんとか安くしようと考えるのだ。

あるいは、葬式や墓のことを考えておくということも終活に含まれる。最近では、葬儀の簡略化が進んでいるので、立派な葬式をあげてほしいと希望する人も少なくなっているだろう。むしろ、葬儀は身内だけでやってほしい、あるいは葬式は無用と希望する人の方が多いだろう。

墓の場合にも、最近では、墓じまいが増えており、石塔を建てる一般的な墓を新たに造る人は激減している。納骨堂や樹木葬、散骨が主流になりつつある。樹木葬にしてほしい、墓についてはそう要望する人も少なくない。

ただ、樹木葬の場合、それはあくまで墓である。石塔が樹木にかわっただけで、そこに眠り続けるには、管理料を支払い続けてくれる人間が必要になる。管理料が支払われなくなれば、他人と一緒に合祀される。

果たしてそういうことを十分に理解しているのかどうか。知識のないまま終活をすると、かえって子どもに余計な迷惑をかけることになる。

「子どもには迷惑をかけたくない」ということを、多くの高齢者が口にする。しかし、介護や看護ということになれば、子どもの世話になる部分はどうしても出てくる。葬式や墓であれば、自分で葬式を出したり、自分で墓に入るわけにはいかないので、そこでも子どもに一定程度迷惑をかける。

そもそも、それが迷惑なことなのかどうか、子どもの方ではそうは感じていないかもしれない。

死んだ後、本人はただの骨になってしまっているわけで、たとえ子どもに迷惑をかけたとしても、それを申し訳ないと感じることはない。感じることができないのだ。

相続について、いくら頑張って準備をしても、子どもがそれを受け入れるとは限らない。死後、遺言状が公表され、相続をどうするか、故人の遺志が示されても、相続人全員が納得しないことはいくらでもある。かえって、対策を施しておいたことで、子どもの間に争いが起こることも珍しくない。

子どもたちが、相続のことで激しく争ったとしても、死んだ当人は、それを知ることもできない。死後に何が起ころうと、それは当人には無関係である。その点では、終活をしようとしまいと、死後の本人には意味がない。ただ、まだ生きている段階で終活として死後のことを考え、そこで満足感を得ようとしているのだ。

死後のことについて思い煩う必要はいっさいない

昔は、死にざまがよくないと、極楽往生を果たすことができず、地獄に落とされると考えられていた。皆が皆、そう思っていたわけでもないだろうが、そう信じる人も少なからず存在した。

中世の時代には、第3章でふれたように、日本では浄土教信仰が流行した。念仏を唱えることで極楽往生を果たそうというわけである。

その際に、どのようにして亡くなるかということが重視された。無事に極楽往生を果たした際には、阿弥陀仏などが来迎するという信仰もあった。

浄土教信仰を中心とした浄土宗の宗祖、法然には、その生涯をつづった「法然上人絵伝」という絵巻物がある。そのクライマックスは、法然が亡くなる場面である。

法然は、建物のなかで右を下にして寝ている。右を下にするのは、釈迦が涅槃《ねはん》に入るときと同じ形である。

空からは阿弥陀仏が来迎し、阿弥陀仏と法然とは光の線によって結ばれている。法然が亡くなったとき、五色の雲がたなびいたのを見たとか、夢でその光景を見たという人々が続発した。それも、法然が極楽往生を果たした証として理解された。その点で、死にざまがどういうものだったかが重要だったのである。

これに対して、法然の弟子となった親鸞の往生は問題を含んだものだった。

親鸞は、法然が流罪になった「承元《じょうげん》の法難」以降、僧であることを辞め、半分は俗人としての生活に入る。その結果、妻帯し、子どもをもうけ、北関東で活動を展開した。その時期には多くの弟子が生まれた。

ところが、いつのことかははっきりしないのだが、親鸞は北関東を離れ、もともといた京都に舞い戻る。それ以降、著述の活動に精力を傾けるが、京都では弟子を作ることはなかった。なぜそうした活動をしなかったのか、はっきりとした理由は分かっていない。

親鸞は89歳まで生きた。当時としては相当な長寿である。ただ、臨終の際には、その傍らに妻はいなかった。妻は生地である越後に残っていた。

ただ、親鸞にはその娘が付き添っていた。娘は母親に対して親鸞がどのようにして亡くなったのか、それについて報告しているのだが、娘の手紙は残っていない。

母親が娘に送った手紙は残されており、報告したことはそこから分かる。その手紙を見ると、親鸞が亡くなったとき、あまり穏やかな死ではなかったようで、娘はそれをかなり心配したようだ。母親は、親鸞が極楽往生したことは間違いないと書き送っている。

なぜ娘が父親の極楽往生を疑ったのか、その理由は明らかにされていないのだが、あるいは、下顎呼吸が普通の人よりも長く続き、それで親鸞が苦しんでいるかのように見えたのかもしれない。

娘としては、父親が極楽往生を本当に果たしたなら、その証拠が現れるに違いないと期待していたことだろう。ところが、その証拠は現れなかった。そこで慌てて、母親に手紙でそれを報告したのである。

現在においては、第3章で述べた死生観の根本的な転換にともなって、来世に対する信仰は力を失っている。極楽往生を果たしたいと強く願う人もいなくなり、逆に、地獄に落とされることを恐れる人もいなくなった。

船から海に飛び込んだ8代目市川團蔵は「さらば地獄へ」という辞世を残したわけだが、そうした感覚を持つ現代の人間はほとんどいない。

極楽や浄土、あるいは天国にしても、それは人間の想像力が生み出したものであり、実在しているわけではない。それに、現世での暮らしが豊かで幸福なものになったことで、そうした想像力も働かなくなった。それと比例するような形で、地獄を恐れる気持ちも消滅してしまったように見える。

つきつめて考えれば、私たちは自らの死後のことについていっさい思い煩う必要はない。それを心配し、不安に思ったとしても、死ねば意識はなくなり、何が起こっても、それに煩わされることはないし、起こっていることを理解することもできないのだ。なんとドライな考え方かと思われるかもしれないが、それが現実であり、今や多くの人たちがそうした考え方をとるようになっている。

そもそも、孤独死に使われる「孤独」ということばからして問題をはらんでいるといえる。

辞書を引いてみると、孤独について、次のように説明されている。

①みなし子と老いて子なき者。
②仲間のないこと。ひとりぼっち。「—感」（『広辞苑』第五版）

孤独死の孤独は、②の方の意味である。

孤独ということばは、鰥寡孤独《かんかこどく》という四字熟語に由来する。それは、「妻を失った男と、夫を失った女と、みなしごと、老いて子のない者。よるべない独り者。世にたよりのない身分の人」を意味する（同）。

なんらかの形で家族を失い、ひとりで生活している状態が孤独とされている。別の辞書では、「思うことを語ったり、心を通い合わせたりする人が一人もなく寂しいこと」という解説も加えられている（『デジタル大辞泉』）。

この辞書の説明にあるように、孤独ということばには寂しいという感覚がつきまとう。孤独死は寂しい死なのである。

もし孤独死が単身死と呼ばれるとしたら、そのニュアンスはだいぶ違ったものになるだろう。単身死なら、ひとりで死ぬということであり、このことばからは、寂しいものだとは感じられない。

人が孤独死を恐れるのは、それが寂しいものと思われているからである。孤独死を遂げた人物は、死ぬ前も、自室でひとりで生活をしていた。そして、死んだ後も、自室にひとりでいる。ひとりであるということは、死の前後で少しも変わらない。だが、ひとりで死ぬことの方は寂しいと思われている。

ひとりで生活していることは、寂しさとイコールではない

そもそも、孤独死以前に、ひとりで生活していること自体が寂しいと思われている部分がある。誰かと一緒に生活しているのが本来の姿だが、事情があってひとり暮らしを強いられている。そのように思う人が少なからず存在する。

しかし、単身世帯で生活している人が、寂しいと感じ、孤独は嫌だと思っているかといえば、必ずしもそうではない。前掲の上野千鶴子『在宅ひとり死のススメ』では、その前

半の部分で、著者が強調する「おひとりさま」の方がはるかに幸せだということが、意識調査のデータをもとに主張されている。

彼女の言う在宅ひとり死の場合には、介護や看護を受けているので、ひとりっきりで亡くなり、死後何日も発見されないということはない。孤独死になることはないのだ。ただ、上野氏が主張する、おひとりさまの方が同居人がいるよりはるかに幸福だというのは、世間には、理解されにくいだろう、それは孤独だという見方が根強いからである。

『在宅ひとり死のススメ』は、「おひとりさまの老後」シリーズのなかの1冊で、このシリーズは、本稿執筆時点で128万部を超えているという。

生涯結婚することなく、あるいは離婚などを経験してひとり暮らしをしている人たちにとって、このシリーズは、自分たちの生き方が決して間違いのないものであることを確信させる内容になっている。そして、ひとりで生活ができたように、ひとりで死ぬこともできる。そう呼びかけてくれていることで、最終的な不安を払拭できるのだ。

その点では、在宅ひとり死は孤独死の反対語なのかもしれない。孤独死は寂しいが、在宅ひとり死なら寂しくないし、幸福である。

それどころか、いつまでも同居人がいて、めんどうだ、鬱陶しいと感じている人たちは、在宅ひとり死できるのはうらやましいとさえ思う。老後に離婚することもできるが、いろいろと面倒だ。せめて同居人が亡くなった後に、おひとりさまを満喫したい。そうした人たちには、在宅ひとり死は大いなる憧れともいえるのだ。

在宅ひとり死が可能であるなら、孤独死を恐れる必要もない。高齢者であれば、そのように考える。

孤独死といわれるものは、生活保護受給者の例もあるが、多くは死が訪れるまで、その人間が自立した生活をしてきたことの証でもある。誰にも介護や看護をされていないからこそ、孤独死になるわけで、孤独死をしたということは、他人の世話になっていなかったということなのである。

安楽死が合法化されている国では、自立ということがもっとも重要視され、そのための制度も整っていて、在宅ひとり死をする人たちは少なくない。

だが、その一方で、自立を重んじるがゆえに、他人に介護されたり、看護されることを嫌い、それで安楽死を選ぶ人たちもいるのである。

第8章
改めて死を見つめる

無常ということ自体がリアルなものではなくなった

仏教の世界に、「九相図《くそうず》」というものがある。

九相は、九想ともいうが、それは、人間の死骸が腐敗し、土に還るまでの過程のことである。その様子を9枚の絵に描いたのが九相図である。

そんな恐ろしい絵がなぜ描かれたのかと思われるだろうが、それはその過程を観想するためのもので、芸術としての観賞用ではない。土に還っていくまでの過程を見つめることで、人の生が無常であることを悟ることが九相図を観想する目的であり、それは「九想観」と呼ばれる。

それぞれの段階をどのように呼ぶかは、必ずしも定まっていない。大乗仏教における最大の思想家といわれる龍樹《ちょうそう》が「摩訶般若波羅蜜経《まかはんにゃはらみつきょう》」に対して行った百巻の注釈書『大智度論』では、脹相《ちょうそう》、つまりは遺体にガスが発生しからだがふくれる状態からはじまって、壊《え》相、血塗《けちず》相、膿爛《のうらん》相、青瘀《しょうお》相、噉《たん》相、散《さん》相、骨《こつ》相、焼《しょう》相へと進んでいく。噉相などは、死体に蛆がわき、鳥獣に食い荒らされた状態のことを言う。

九相図の代表的なものに「小野小町九相図」がある。小野小町は平安時代前期の歌人で、絶世の美女とうたわれてきた。そうした美女であったとしても、死ねば、腐り、鳥獣の餌食になっていく。たしかに、そんな絵をじっと見つめるならば、人生の無常を思わないわけにはいかない。

現在では火葬が広まり、亡くなった人間はすぐに荼毘に付され、骨になってしまう。したがって、遺体が腐敗することはほとんどないわけだが、前の章で述べた孤独死であれば、まさにこの九相図のような過程を経ていくことになる。

平野純氏の『怖い仏教』（小学館新書）によれば、初期の仏教においては、朝から晩まで死体を観察する修行があったという。

孤独死の場合、それは部屋のなかでのことで、遺体が腐敗していく様子が一般の人の目にふれるわけではない。

しかし、小野小町の時代からは少し後に成立した「源氏物語」からは、京の都で、そうした光景にめぐり合うことが決して珍しいことではなかったことがうかがえる。

『源氏物語』のなかに夕顔の巻がある。主人公の光源氏が愛した夕顔という女性は、六条御息所ではないかと思われる生き霊にとりつかれ亡くなってしまう。

源氏の乳母の息子・椎光《これみつ》が夕顔の遺骸を賀茂川の河原を通って鳥辺野《とりべの》へ運んだ。夕顔の顔が恋しくなった源氏が鳥辺野に向かうのだが、その途中、松明の明かりで鳥辺野の不気味な景色を見てしまう。それが源氏を恐怖させる。

この時代、京の都では、亡くなった人間の遺体は、嵐山の北にある化野《あだしの》、船岡山の北西部にある蓮台野（紫野）、そして、源氏が通りかかった清水寺に近い東山の鳥辺野に葬られた。

ただし、葬られるといっても、土葬されるのはましな方で、遺体がそのまま地面に放置されることもあった。そうなれば、まさに九相図の世界が展開していくことになる。その様子は、「源氏物語」より少し後の時代に作られた「地獄草紙」などに描かれている。行き倒れなどということもあった。九相図は、そうした現実にいくらでも起こっていた遺体の腐敗の過程をもとにして描かれたのである。

浄土真宗の葬儀では、「白骨の御文《おふみ》」というものが読まれる。御文は真宗大谷派（東本願寺）の呼び方で、浄土真宗本願寺（西本願寺）では、「白骨の御文章《ごぶんしょう》」と呼ぶ。呼び方は違っても、内容は同じで、そこには「朝ニハ紅顔アリテ夕ニハ白骨トナレル身ナリ」とある。これは浄土真宗中興の祖である蓮如のことばだが、そこでは人生が無常であることが説かれている。

このような形で、白骨を通して、あるいは白骨になるまでの過程を通して無常を感じることが強調されるのは、仏教への信仰を喚起するためである。

たしかに、「白骨の御文」にあるように、人生は無常で、人間の命はいつ失われるか分からない。そして、亡くなれば、孤独死の多くがそうであるように、腐敗し、やがては骨になっていく。それは、今も変わらない真実である。

しかし、今の私たちが九相図を見たとしても、そこから強い衝撃を受け、人生の無常を深く思うことはないだろう。それは、「白骨の御文」の場合にも同様である。そもそも、朝には元気だった人間が、夜に白骨になっていることはあり得ない。その点で、蓮如のことばが強くこころに響くこともない。

九相図にしても、「白骨の御文」にしても、死が切迫したものであるという死生観Aを背景にしている。多くの人たちが、自分は80歳、さらには90歳まで生きると考えている今日の死生観Bの世界では、無常ということ自体がリアルなものとは感じられなくなっているのである。

私たちは、九相図とは異なる形で死を見つめる必要がある。第1章で述べたように、私たちの多くが実際にどういう過程を経て亡くなっていくのか、それをしっかりととらえておく必要がある。そこからしか、死の問題を的確にとらえることはできないのではないだろうか。

ここで難しいのは、そうした場面に接する機会が、医療従事者は別だが、一般の人間にはなかなかめぐってこないということである。もっとも可能性があるのは、私の場合のように、両親の死に接することだが、誰もが必ずそれを体験できるわけではない。両親はすでに亡くなっているが、死に目には会えなかったという人はいくらでもいる。

しかも、たとえそれを体験したとしても、亡くなる年齢が上がった現状では、50代、60代にならないと親の死を看取る機会は訪れない。

もっと早くに両親が亡くなったということであれば、突然死や事故死などである可能性が高くなる。人の死を看取ることがないまま、長寿をまっとうし、それで亡くなっていく人が、今や増えている。

親の死を看取ったという場合でも、その意味を考えるまでには至らない。それが、多くの人に起こる普遍的な死に方であることにはなかなか思い至らない。私も、母が亡くなったとき、その傍らに第1章でふれたパンフレットがなかったとしたら、老いて亡くなる人たちは同じ過程を経ていくのだとまでは思わなかっただろう。

実際に人がどのようにして亡くなっていくかということを知っているか、知らないかでは、死の問題を考えていく際に、考える側の姿勢が変わってくる。

ほとんどの人たちは、私の両親のような形で亡くなっていく。ただし、突然死ということも珍しいことではなく、全体の1割程度はいる。そして、孤独死に至るのは、単身世帯で突然死したときなのである。

それが、私たちの一般的な死に方である。銃を突きつけられ、弾丸が放たれようとしている場面に遭遇したとしたら、私たちは、死を覚悟し、それに恐怖する。

ただ、そんな状況に追い込まれる人はほとんどいない。銃で殺されるという場合だって、相手は突然銃を発射するのであり、殺される側が恐怖の時間を過ごすことはごく稀である。

自然死こそが善き死である

安楽死の英語は、第4章で見たように、〝euthanasia〟であり、そのもともとの意味は「善き死」である。善き死を、私たち日本人は安楽死としてとらえてきた。

安楽死には、医師が介在することによって、死を望む者にその機会を与えるという意味が与えられているわけだが、私たちが経験するほとんどの死は、安楽死であり、善き死であると見ることもできる。

自然死は安楽死であり、善き死である。そう考えるならば、安楽死を希望した橋田壽賀子氏は、希望をかなえたと見ることもできる。医師が介在しなくても、私たちは楽に自然に死んでいく。橋田氏が最期を迎えたとき、あえて医師が彼女を死なせる必要などなかったはずである。

安楽死を合法化しようというとき、一つ大きな問題になるのは、誰がそれを実行に移すかということである。安楽死について踏み込んだ議論が行われない日本では、そうしたことが問題として浮上することもない。

いち早く安楽死を合法化したオランダの場合、安楽死を担うのは、かかりつけの「ホームドクター」である。

シャボットあかね『安楽死を選ぶ―オランダ・「よき死」の探検家たち』（日本評論社）によれば、オランダでは、「日常的な身近な病気やけがを診る、何でも相談にのってくれる総合的な医療サービス」であるプライマリケアと、「専門的な診療や入院が必要な病気やけがを診る」セカンダリケアが分かれていて、前者を担当するのがホームドクターになるという。

オランダに在住している人間は、車で15分圏内にあるホームドクターに登録しなければならない。家族単位で登録することになるが、登録率は99パーセントに達している。ホームドクターひとりあたりの平均登録患者数は2350人になり、住民の約75パーセントが年に最低1回はホームドクターのところに赴くという。

ホームドクターに登録するのは、オランダ国籍がある人間には限定されない。外国人でも、オランダに居住していれば、ホームドクターに登録することが求められる。

ただ、ここで重要なことは、安楽死を望んだとしても、ホームドクターが必ずそれに応じなければならないわけではないということである。つまり、安楽死はそれを望む側の権利ではない。最終的な決定を下すのは医師の側であり、医師が認めなかったら、原則としていくら希望しても安楽死はできない。

それは理解できる。安楽死を担うということは、医師がそれを希望する人間を死にいたらしめるということである。

安楽死の方法として二つのやり方が定められている。一つは、医師が致死薬を直接に投与するものである。もう一つは、致死薬を医師が処方し、それを患者自身が服用するものである。後者は自殺幇助ということになる。

そもそも医療の目的は、患者の病を癒し、できるだけ長く生きられるようにすることである。その点で、安楽死をさせるということは、自殺幇助の場合も含め、医療行為とは正反対のことをするのを意味する。オランダのホームドクターのなかに、安楽死を希望されても、それを認めない人間が出てくるのも当然である。

なお、オランダでは、ホームドクターに拒否された人間を安楽死させる団体が存在している。安楽死は個人の権利であり、それが認められないのはおかしいというわけである。

スイスのプライシック医師の場合には、テレビの番組で見ても、さまざまな情報について調べてみても、希望する人間に自殺幇助をすることを自らの使命として感じているように見受けられる。その使命感は、驚くほどに強固である。そこには、自分の父親を安楽死させたことがかかわっているのかもしれないが、逮捕も経験している。それでも自殺幇助を続けるには、並外れた使命感が必要である。

果たして、そうした医師が日本でも現れるのだろうか。ALSを発症した女性を安楽死させ、逮捕された二人の医師には、そうした使命感があるのかもしれないが、そこに歪んだものがなかったかどうかについては、裁判が終わるまで判断は難しい。

日本では、安楽死が認められていないわけではないが、それを実行に移し、少しでも瑕《か》疵《し》があれば、逮捕され、起訴される可能性がある。警察は、安楽死が認められることを妨げようとしているようにも見える。医師が安楽死を実行に移すためのハードルはあまりにも高い。しかし、今の日本の医療現場の状況から考えると、そもそも自殺幇助を含め安楽死を実行に移す医師が多く現れるということはあり得ないだろう。第5章でふれた「私の安息死研究会」の方々の主張が広く受け入れられるとはとても思えないのだ。

第5章で見たように、オランダには自立の文化があり、子どもは早くに自立し、親と同居しなくなる。親が年老いても、子どもと同居するようにはならない。多くはケアして貰えるようなところへ入る。

日本でも、最期、介護施設に入るケースが増えてきているわけだが、人に介護されることを強く忌避する人は少ない。まして、人の手を煩わせるくらいなら、安楽死をしたいと願う人はごく少数にとどまるだろう。

日本でも、「臓器の移植に関する法律」が1997年7月16日に公布され、脳死した人間の臓器を移植することが可能になった。

しかし、それ以降、日本で臓器移植が活発に行われているわけではない。アメリカ合衆国の場合、100万人あたりの臓器提供者は36・88人にのぼるのに対して、日本ではわずか0・99人である。お隣の韓国では、8・68人と、日本よりはるかに多い。

これが、臓器提供に反対する意思表明をしていない限り、臓器提供がなされる制度をとっているスペインともなれば49・00人である。

アメリカの人口は日本の3倍弱で、年間およそ1万人が臓器提供を行っている。複数の臓器が別々の人間に移植されることもあり、臓器移植件数の方は2万件を超えている。

それに対して、日本では提供者の数は年間100人前後で、臓器移植件数は400件程度である（数字は、日本臓器移植ネットワークのウェブサイトから）。

2010年には法律が改正され、本人の意思が明確でないときには、家族の承諾で臓器提供が可能になった。それで件数はかなり伸びたのだが、それでも、この水準に留まっている。

この法律が制定されるときには、さまざまな議論があり、宗教界でも反対する教団が少なくなかった。

脳死と判定された場合でも、心臓は動いている。その際、人工呼吸器をつけなければ、そのまま心停止になるし、たとえつけても、数日から数週間で心停止する。

脳死状態になれば回復の見込みはないわけだが、心臓が動いている人間から臓器を摘出するということに対して、日本では強い抵抗がある。その抵抗感はしだいに薄らいではきているものの、臓器移植の件数は、諸外国と比べ依然として格段に少ない状況にある。

そこには、死は自然に訪れるものであり、人為的な介入はあってはならないという考え方があるのかもしれない。

死ということに対して介入を嫌うということでは、安楽死が合法化されないことも関連しているであろう。そもそも積極的安楽死を認める運動は、これまで高まりをみせていない。日本尊厳死協会の前身である日本安楽死協会でさえ、積極的安楽死については批判的だった。

年々増加する献体希望登録者

逆に、生命のはじまりについて介入する先端生殖医療については、日本人は積極的である。キリスト教圏では、生命は神の領域と見なされ、先端生殖医療に対する根強い抵抗がある。少なくとも、カトリック教会を中心に、宗教界はそれに強く反発する。アメリカの福音派が人工妊娠中絶に反対するのも、同じ考え方にもとづいている。神から「産めよ増やせよ」と命じられた以上、それに逆らってはならないというわけである。

日本では、生命の誕生ということについて、それを神の領域に属するとする考え方はない。創造神の観念が弱いからだ。ただ、死については、それに介入するべきではないという風潮が強いのだ。

もう一つ、日本人の死に関して、最近注目されているのが、「献体」である。これは、医学生の解剖実習のために、遺体を提供するもので、最近ではそれを希望する人の数が増えている。実は、今から6年ほど前の2015年春のことだが、私はNHKの松山放送局から依頼されて、献体について扱った番組に出演したことがあった。私に出演依頼が来たのは、番組のなかで慰霊祭が取り上げられたからである。

献体を希望する登録者の数は、2016年度で約28万人に達している（日本篤志献体協会の推計）。この数は年々増加しており、実際に献体に提供される件数もそれにつれて増えている。

日本篤志献体協会の理事長を務める佐藤達夫氏は、m3.comという医療従事者専用サイトのインタビューに答えているが（「『この体、医学の発展に捧げたい』献体希望者が急増したわけ」2017年9月28日）、1970年代の田中角栄内閣のもと、「一県一医大構想」が掲げられ、16もの国立医学部が創立されたときには、献体不足が起こったという。

医学教育では、医学生には2人で1体、歯学生には4人で1体の遺体が必要だとされているが、その時代には、学生10人に1体程度しかなく、解剖実習が難しくなってしまったこともあったという。

それが、1983年には「献体法」が制定され、それから急激に希望者が増加した。そこには医学の発展に貢献したいという気持ちも働いているが、一方で、孤独死や身寄りのない人間の増加ということも関係している。

というのも、献体された遺体は、大学の負担で火葬され、遺骨の引き取り手がいない場合には、大学内にある納骨堂に安置することもあるからである。つまり、葬儀の費用が一切かからないということで、献体を希望する人たちが急増した面がある。この点については、NHKの番組でも指摘された。

番組のなかでは、大学で行われる慰霊祭の様子も紹介された。私はそれを見て驚いたのだが、そこには、大学病院の医師と看護師が全員出席し、献体した人間の死を丁重に弔い、代表が感謝の意を示していた。これを葬式としてとらえるならば、葬儀の簡略化が進むなかで、これほど立派な葬式はないようにさえ感じられた。たんに費用がかからないというだけではなく、医学の発展に貢献した功労者として慰霊されることになるのである。

献体の希望者が、そうした慰霊祭で弔われることを目当てにしているというわけではないだろうが、盛大な慰霊祭は、献体の意義を強調する役割を果たしている。

私たちは、長い人生を送るようになった。80歳は当たり前で、90歳まで生きたとしても、さほど珍しいことではなくなった。80歳は傘《さん》寿である。88歳が米寿で、90歳が卒寿である。99歳が白寿で、100歳は紀寿ともいうし、百寿ともいう。

これは、中国で生まれた呼び方で、古代に日本にも伝えられた。だがしかし、その時代には百寿に達する人などほとんどいなかったであろう。そんな年まで生きられたら、なんと幸福なことか。当時の人々はそのように考えていたに違いない。自分が傘寿に達することさえ想像もできなかったかもしれない。

長く生きれば、それだけ多くの人とかかわり、さまざまなことを行う。家族や親族、友人や知人、仕事関係の人間など、多くの人間とかかわることで、私たちは生きてきた。そして、勉強や仕事だけではなく、さまざまな活動に従事してきた。今や趣味の領域だけでも相当な広がりを見せている。

「生きていることが仕事だ」

現代の社会は、多くの人たちが存在することで成り立っている。人が少なければ、複雑な社会を機能させ、維持することはできない。文化ということにもなれば、それを生み出す人たちだけではなく、それを享受する人たちを必要とする。

たとえば、書家という職業が成り立つためには、多くの書家がいて、競い合い、切磋琢磨してその技を磨いていく必要があるわけだが、描かれた書を芸術として鑑賞する多くの人たちも必要とする。彼らも、アマチュアとして書に親しんでいることであろう。

さらに、書の世界が存続するには、紙や墨、筆、硯などを作り、それを商う人間を必要とする。そして、その周辺には、書を売買する人、展覧会を開く人、書に関する書物や雑誌を編集し、刊行する人など、膨大な数の関係者が存在している。

それは書だけのことではなく、あらゆる文化活動について言える。それぞれの活動に関して、それを支える人が相当数必要なわけだから、全体を考えれば、それは膨大な数になる。

逆に、個人の側から考えるならば、日々の活動は、それぞれが社会とかかわっており、究極的に社会を支える役割を果たしている。買い物をすれば、それで利益を得られる人間がいるわけで、自分の使った金は誰かを潤すことになる。

原始時代の狩猟採集の社会なら、そうしたことはなかった。食べ物を集め、それを食べたとしても、それでその行為は完結してしまい、他人とのかかわりを生まない。現代では、金銭を媒介することで、個人の行為が必然的に他者とのかかわりを生む。しかも、その他者は膨大な数にのぼるのである。

その点では、私たちの生きている現代の社会は、自動的に生きていることに意味を与えてくれるともいえる。仕事をしなくなり、年金で生活をしている人間でも、金は使うわけで、どこかで誰かを潤している。

私の父が生きていたとき、自分にとっては「生きていることが仕事だ」と言っていた。たしかに、生きている限り、年金が入る。それは自分のためにも使われるし、家族のためにも使われる。そして、金銭を使えば、それは誰かの手にわたるわけで、その形は仕事をしていた現役のときと変わらない。

たとえ、介護を受けるようになったとしても、その点は基本的に同じだ。誰かの世話になるということは、相手に仕事の機会を与えることである。世話をする側は、その対象となる人間を必要とする。

あるいはそれが、「家族にだけは迷惑をかけたくない」という発言を生むのかもしれない。家族だと、世話をしても金銭の支払いがないからだ。

しかし、自分の行動が、たとえどんなことであっても、社会に、あるいは文化に貢献するものだと認識している人はほとんどいない。自分がいなくても、社会は機能し、文化は維持される。ひとりの人間が社会からいなくなることで、社会や文化が滅びてしまうわけではない。むしろ、そのように考えている。

それは事実だが、これから日本の人口が減少していくならば、そうした面があることを否定できなくなっていくのではないだろうか。

逆にそれは、私たちひとりひとりの存在が、社会や文化を支えていく上で極めて重要な役割を果たしてきたことを証明することにもなっていくはずなのである。

私たちは、意識して他人のために生きているわけではない。だが、結果的に他人のためにも生きている。個人としての活動がより活発で、多方面に及んでいけば、その点はより明白になる。自分が社会を支え、文化を支えている。その自覚が生き甲斐にまで結びつくかどうかは分からないが、決して私たちは不要な存在ではないのである。

私たちは死を見つめるとともに、生を見つめる必要がある。べらぼうに長くなった人生を生かしていくための方法とは何なのか。それをじっくりと考えておく必要がある。

十分に生き、自然に死んでいく。それこそが、仏教的に言えば、往生であり、悟りを開いて解脱することである。

それは、私たちが縁のなかに生きているということでもある。私たちは決して無縁ではない。無縁でなければ、無縁死を遂げることもないのである。

おわりに

私たちは死を恐れる。

それは、誰にでもあることだが、年齢によって恐れのあり方は変わってくる。

青年期には、これは多くの人間が共通に体験することだが、死の恐怖に襲われることが少なくない。

しかし、年齢を重ね、大人になり、仕事をするようになると、そうした形で死を恐怖することは少なくなっていく。家庭を作り、子どもができれば、子どもは果たして無事に育ってくれるものだろうかと、万が一、子どもが死ぬことを恐れるようになる。自らの死を考えるにしても、そうなったら子どもを含め家族はどうなるのか。死への恐れは、茫漠とした想像上のものから、現実的なものへと変化していく。

高齢者になれば、死はより身近なものとなり、いつかは自分の経験しなければならない事柄へと変化していく。そこには老いや健康の問題が深くかかわるようになり、一日でも長く、またできるだけ健康で生きたいと、そうしたことを願うようになる。

そこでは、青春期に感じたような、死を通して深い闇の世界に落ち込んでいくような感覚はすでになくなっている。

超長寿社会が訪れ、いくら長く生きられるようになったとしても、死を免れることはできない。ただそれでも、健康を大きく損なっていなければ、あるいは重大な病にかかっていなければ、死はまだ先の出来事になる。いつか自分は死ぬにしても、それは「今」ではない。死生観Bの世界では、死は遠くにあるものと位置付けされている。死をなるべく遠ざけたい。そういう思いを抱くようになるともいえるのだ。

健康で長生きするにはどうしたらいいのか。年を重ねてくると、健康法ということに関心が向く。健康にいいと言われると、即座にそれを試したりする。ただ、本当にそれが健康にいいのかどうかは分からないし、一つの健康法を長く続けること自体が難しい。多くは途中で面倒になり、止めてしまう。あるいは、目移りして他の方法を試したりするようになる。

一つ相当に有力な長生きの方法がある。

それは、宗教家になることである。出家して僧侶になればいいのだ。

これについては、拙著『なぜ宗教家は日本でいちばん長寿なのか』（ＫＡＤＯＫＡＷＡ）に書いたことがあるが、そこでも紹介したように、それについて調査した人物がいた。

それは、郡山女子大の教授だった森一氏である。森氏は、『文藝春秋』の１９８９年10月号に、「政治家・坊さん長生きの論証 短命は詩人と力士……職業と寿命の関係は」という文章を寄稿している。他にも、職業別の寿命について、いくつかの研究を発表していた。

森氏の調査は、１９２６年から１９７９年までのデータをもとにしており、平均寿命を基準に職業が次の三つに分けられていた。


平均寿命以上のグループ……「宗教家、実業家、政治家、医師・医学者」

平均寿命と同じグループ……「大学教授、俳人、歌人」

平均寿命以下のグループ……「芸術家、小説家、詩人」

宗教家の場合、1985年から1987年の3年間に亡くなった僧侶611名を調べたところ、死亡年齢は90歳以上が34名、95歳以上が10名だった。

浄土宗の法主《ほっす》が102歳、浄土真宗本願寺派の僧侶が100歳、曹洞宗が100歳、日蓮宗が99歳と98歳、高野山真言宗が98歳、真言宗豊山《ぶざん》派が107歳、浄土宗が97歳、法華宗が97歳、臨済宗妙心寺派が96歳と、この3年間で90歳以上生きた僧侶が17・9パーセントにのぼった。「五つ子」の名付け親で清水寺の貫主だった大西良慶氏が107歳の長寿をまっとうしたのは、調査期間の直前、1983年のことだった。

これは、現代にだけ言えることではない。

過去の著名な僧侶をあげてみると、奈良の大仏の勧進を行った行基が82歳、東大寺の良弁が85歳、浄土宗を開いた法然は80歳、その弟子で浄土真宗を開くことになる親鸞は89歳だった。

親鸞の妻となった恵信尼も87歳で、親鸞の孫といわれ、親鸞の神格化を推し進めた覚如が82歳、浄土真宗を一大勢力にするのに貢献した中興の祖、蓮如が85歳だった。

他の宗派でも、真言律宗の忍性が87歳、臨済宗の僧侶で水墨画でも名高い雪舟が87歳、江戸時代初期の幕府のアドバイザーであった天台宗の天海になると、なんと108歳だった。江戸時代に真言宗で戒律の復興に尽くした慈雲が87歳である。近代の例としては、僧侶ではないものの禅を世界に広めた鈴木大拙が96歳だった。

浄土真宗の場合には、僧侶でも妻帯し、家庭をもうけることになるが、他の宗派では、原則としてそういうことはなかった。

やはり、現代でいえばストレスにあたる煩悩が生じることが少ない出家の生活は、長寿に結びつくのであろう。妻帯しない僧侶であれば、家庭生活で悩むことはない。経済活動をする必要もなく、布施で生きていくので、金で苦労することもない。どうやら現世から離れることが究極的な長生きの方法であるようだ。

昔は、公家や武家といった、それまで俗人として活動していた人間が、人生の途中で出家するということが頻繁に見られた。出家の理由はさまざまで、兄弟間の対立を避けるなど現実的なものもあったが、世俗の生活を捨てることで極楽往生を果たしたいという願望も出家の有力な理由だった。

これはインドに発することだが、解脱する、悟りを開くためには、その前提として世俗の生活を捨てる必要があると考えられてきた。現世における成功をめざして煩悩にまみれた生活をすることは、悟りからは程遠いものであると考えられていたのだ。

現代でも、出家し、僧侶になる人間はいる。大半は僧侶の家に生まれたからだが、なかには、在家だった人間が出家し、僧侶をめざすことがある。しかしそれは、僧侶としての活動に魅力を感じてのことで、自らの極楽往生のためということではない。

また、社会的に成功をおさめた人物が出家することも少なくなった。京セラなどの創業者であった稲盛和夫氏くらいだろうか。

出家ではないものの、第一線から退くということでは、隠居ということもある。

昔は、家督（家父長制での家長権のこと）というものがあり、それを後継者に渡すことで、隠居することは珍しくなかった。ただ、伊能忠敬のように隠居した後に日本地図を作成するために、全国を測量してまわった例もあり、隠居は必ずしも世俗の生活を捨てることではなかった。

僧侶が長生きだということが分かっても、それで出家する人もいないだろう。

だが、精神的な面で、世俗の生活と距離をおくということなら、出家しなくても可能である。年を重ねていけば、しだいに自分よりも年上だという人の数は減り、社会で活発に活動している人間は皆年下ということになってくる。年上の人間からすれば、年下の人間がすることは、配慮に欠け、間違った方向に進んでいるようにも思えてくる。そこで、いろいろなことを批判したくもなってくるのだが、それを思いとどまる必要があるのではないだろうか。

今の社会は、高齢者が増え、そのことが下の世代を圧迫している。ただでさえそうした状況にあるわけだから、せめて下の世代がやることに口出しはしない。その必要があるように思われるのだ。社会に起こる出来事に一々反応していれば、焦りを感じるし、怒りも覚える。怒りほどストレスを増大させるものはない。

仏教では、克服しなければならない煩悩のうちもっとも重要なものを「貪《とん》・瞋《じん》・癡《ち》」としてとらえ、それを三毒と呼ぶ。貪・瞋・癡とは、むさぼること、怒ること、無知であることである。三毒を克服することは、煩悩を鎮め、ストレスから解放されることにつながる。私たちの日常の暮らしを考えるならば、この三毒に注意し、それにとらわれない生活をすることがいかに重要かが分かるだろう。

その際にもっとも重要なことは、三毒に陥ることがいかに間違ったことであるかをはっきりと認識することである。人間にはさまざまな欲望があるかもしれないし、それを実現しようと、私たちはつとめてきた。それは、何かを実現するということでは意味があるかもしれないが、むさぼるということになれば、話は変わってくる。

怒りということについても、私たちは、何か問題がある場面に直面したら、怒りを持つのは当然だと考えている。とくに社会的な問題に対して怒ることは当然のことで、それがなければ、不正はなくならないし、社会はよくならないとさえ考えている。

しかし、怒りが問題を解決することに結びつかず、かえって事態を悪化させることも少なくない。怒っているときには、自分は本当に正しいのか、それを考える余裕も奪われてしまう。

間違った情報をもとにして怒ってしまうことも往々にして見られることである。私たちは本当は無知なのではないか。無知であるがゆえに愚かな行為に及んでしまうのではないか。三毒の指摘は、今でもかなり有効である。

自分が三毒に陥ってしまう状況に至らないよう、予め備えておく必要がある。そのためには、あらゆる場面において、一歩身を引いて考える姿勢を保ち続ける必要がある。それは出家や隠居といったあり方に通じる。年を重ねてくれば、世の中から一歩身を引き、そこから物事を見ていくべきなのだ。

そうしたことが、そのまま安らかな死、善き死に結びつくかは分からない。だが、ストレスの軽減ということに結びつくことは間違いない。

過剰なストレスにさらされれば、人は苦しみ、それが病に結びつくこともあれば、自ら命を絶つことにも結びつく。そうなれば、本来与えられている寿命をまっとうできない。いかにストレスを溜め込まないで生きるのか。善き死を迎えるためには、その点がもっとも大切なことなのである。

私たちは、今回の考察を通して、人がどのように死んでいくのかを改めてとらえなおすこととなった。

意外に、私たちは人の死について知らない。無知なのだ。多くの人がどのように死んでいくのか。そして、自分が将来においてどういう形で死ぬのかが分かっていないのだ。

それを知ることは、無知から解き放たれる第一歩である。死にまつわる問題を考えていく上で、その一歩を踏み出すことの意味は限りなく大きい。

善き死とは何か。超長寿社会となった現代は、それをじっくりと考える時間的な余裕を与えてくれているはずなのである。

島田裕巳［しまだ・ひろみ］

1953年生まれ。東京大学文学部宗教学宗教史学専修課程卒業。同大学大学院人文科学研究科修士課程修了、1984年、同博士課程満期退学（宗教学専攻）。宗教学者、作家、東京女子大学非常勤講師。放送教育開発センター（現メディア教育開発センター）助教授、日本女子大学教授、東京大学先端科学技術研究センター特任研究員を歴任。『葬式は、要らない』（幻冬舎新書）など著書多数。NPO法人葬送の自由をすすめる会会長。

編集：小川昭芳

無知の死
～これを理解すれば「善き死」につながる

二〇二一年 十月五日 初版第一刷発行

著者 島田裕巳

発行人 飯田昌宏

発行所 株式会社小学館
〒一〇一‐八〇〇一 東京都千代田区一ッ橋二ノ三ノ一
電話 編集：〇三‐三二三〇‐五一一七
販売：〇三‐五二八一‐三五五五

印刷・製本 中央精版印刷株式会社

Printed in Japan ISBN978-4-09-825406-4